온전한 믿음

온전한 믿음

초판1쇄 2018년 8월 10일

지은이_ 황삼석

펴낸이_ 채주희

펴낸곳_ 엘맨출판사
　　　　서울특별시 마포구 신수동 448-6
　　　　TEL : 02-323-4060, 02-6401-7004
　　　　FAX : 02-323-6416
　　　　E-mail : elman1985@hanmail.net
　　　　www.elman.kr

출판등록 제 10호-1562(1985.10.29.)

값 13,800원

ISBN 978-89-5515-637-9(03230)

온전한 믿음

황삼석 지음

좋은 책으로 하나님의 사람을 만들어 가는 **엘 맨**

우리를 사랑하신 하나님 아버지께서 우리에게 보배로운 믿음을 주셨습니다. 하나님은 사도들에게 주신 보배로운 믿음을 동일하게 우리에게도 주셨습니다. 하나님이 주신 믿음은 지켜야 합니다. 하나님이 주신 믿음 즉 우리가 하나님께 받은 믿음은 하나인데(같은데) 우리가 지키는 믿음은 각각 다릅니다. 믿음의 씨는 하나인데 믿음의 열매를 다릅니다.

사도들은 하나님이 주신 믿음을 잘 지켰는데 우리는 하나님이 주신 믿음을 어떻게 지키고 있는가요? 우리는 하나님이 주신 믿음을 잘 지키고 있는가를 우리 자신을 시험하고 확증해야 합니다. 하나님은 아브라함을 모든 믿는 자의 조상으로 세우셨습니다. 그래서 우리는 아브라함의 믿음을 통하여 우리 믿음을 확증할 수 있습니다.

저는 창12-22장에 증언된 아브라함의 믿음을 통하여 우리의 믿음을 확증하고 싶어 본서를 출간하였습니다. 제 자신이 제가 지키고 있는 믿음을 확증하고 온전한 믿음으로 자라기를 원합니다. 또한 본서를 읽은 모든 분들이 하나님이 주신 보배로운 믿음을 잘 지키며 온전한 믿음으로 자라서 행복자로, 능력자로 살아가시기를 기원합니다.

6번째 책을 출간하게 하신 하나님께 영광을 돌려 드립니다. 그리고 5번째 책을 출판할 때 출판 비용으로 일천만원을 무명으로 협력해 주셔서 6번째 책을 출판 비용을 걱정하지 않고 쓰게 해주신 분께 감사드립니다. 또한 동천의 모든 성도님들과 저의 가족과 6번째 책까지 출판을 맡아주신 엘맨출판사 사장님과 직원들에게도 감사드립니다.

2018년 5월
빛고을 두암골에서 황삼석

목 차

1장

온전한 믿음

우리는 하나님의 은혜에 의하여 믿음으로 말미암아 구원을 받았습니다(엡2:8). 구원은 하나님께서 은혜로 주신 선물이며 믿음으로 받을 수 있습니다. 하나님이 은혜로 주신 구원을 우리가 믿음으로 받을 수 있기에 우리는 하나님 앞에서 믿음을 가지고 있어야 합니다(롬14:22). 또한 우리는 자신이 믿음 안에 있는가 우리 자신을 시험하고 우리 자신을 확증해야 합니다(고후13:5). 그리고 우리는 믿음의 마음을 가지고 믿음으로 말해야 합니다(고후4:13). 또한 우리는 모든 것을 믿음을 따라 해야 합니다. 믿음을 따라 하지 아니하는 것은 다 죄입니다(롬14:23).

엡2:8 "너희는 그 은혜에 의하여 믿음으로 말미암아 구원을 받았으니 이것은 너희에게서 난 것이 아니요 하나님의 선물이라"

롬14:22 "네게 있는 믿음을 하나님 앞에서 스스로 가지고 있으라 자기가 옳다 하는 바로 자기를 정죄하지 아니하는 자는 복이 있도다"

고후13:5 "너희는 믿음 안에 있는가 너희 자신을 시험하고 너희 자신을 확증하라 예수 그리스도께서 너희 안에 계신 줄을 너희가 스스로 알지 못하느냐 그렇지 않으면 너희는 버림 받은 자니라"

고후4:13 "기록된 바 내가 믿었으므로 말하였다 한 것 같이 우리가 같은 믿음의 마음을 가졌으니 우리도 믿었으므로 또한 말하노라"

롬14:23 "의심하고 먹는 자는 정죄되었나니 이는 믿음을 따라 하지 아니하였기 때문이라 믿음을 따라 하지 아니하는 것은 다 죄니라"

우리는 주 예수 그리스도를 믿습니다. 우리는 하나님을 믿으며 예수님을 믿습니다(요14:1). 그리고 우리는 예수님을 믿는 믿음을 지킵니다(계14:12). 왜냐하면 예수 그리스도를 믿는 것이 하나님의 계명이며(요일3:23), 하나님의 일이기 때문입니다(요6:29). 또한 예수 그리스도를 믿지 아니하는 것이 죄이기 때문입니다(요16:9). 그리고 아들을 믿는 자에게는 영생이 있고 아들에게 순종하지 아니하는 자는 영생을 보지 못하고 하나님의 진노가 그 위에 머물러 있기 때문이며(요3:36), 예수 그리스도를 믿는 자는 심판을 받지 아니하는 것이요 믿지 아니하는 자는 벌써 심판을 받은 것이기 때문에(요 3:18) 우리는 예수 그리스도를 믿습니다.

요14:1　　“너희는 마음에 근심하지 말라 하나님을 믿으니 또 나를 믿으라”

계14:12　　“성도들의 인내가 여기 있나니 그들은 하나님의 계명과 예수에 대한 믿음을 지키는 자니라”

요일3:23　　“그의 계명은 이것이니 곧 그 아들 예수 그리스도의 이름을 믿고 그가 우리에게 주신 계명대로 서로 사랑할 것이니라”

요6:29　　“예수께서 대답하여 이르시되 하나님께서 보내신 이를 믿는 것이 하나님의 일이니라”

요16:9　　“죄에 대하여라 함은 그들이 나를 믿지 아니함이요”

요3:36　　“아들을 믿는 자에게는 영생이 있고 아들에게 순종하지 아니하는 자는 영생을 보지 못하고 도리어 하나님의 진노가 그 위에 머물러 있느니라”

요3:18   "그를 믿는 자는 심판을 받지 아니하는 것이요 믿지 아니
         하는 자는 하나님의 독생자의 이름을 믿지 아니하므로 벌
         써 심판을 받은 것이니라"

우리는 믿음으로 행하고 보는 것으로 행하지 아니합니다. 왜냐
하면 우리가 몸으로 있을 때에는 주와 따로 있는 줄을 알기 때문입
니다(고후5:6-7). 또 우리는 모든 것을 믿음을 따라 합니다. 왜냐하
면 믿음을 따라 하지 아니하는 모든 것은 다 죄이기 때문입니다(롬
14:23).

고후5:6-7 "그러므로 우리가 항상 담대하여 몸으로 있을 때에는 주와
          따로 있는 줄을 아노니 이는 우리가 믿음으로 행하고 보
          는 것으로 행하지 아니함이로라"

롬14:23   "의심하고 먹는 자는 정죄되었나니 이는 믿음을 따라 하지
          아니하였기 때문이라 믿음을 따라 하지 아니하는 것은 다
          죄니라"

1. 우리의 믿음은 어떠한 믿음이어야 하는가요?

우리는 예수 그리스도를 믿고, 그 믿음을 지키며, 모든 것을 믿음
으로 행합니다. 그런데 이 믿음을 하나님이 주셨습니다(벧후1:1).
우리는 하나님께 보배로운 믿음을 받았습니다. 그리고 믿음의 주는
예수님이십니다(히12:2). 예수 그리스도는 우리의 믿음의 조성자요
완성자십니다. 또한 믿음은 우리 마음속에서 활동하시는 성령님의

역사입니다(갈5:5-6). 성령님의 역사로 말미암아 우리는 우리 영혼의 구원을 믿을 수 있게 됩니다. 우리는 영혼을 구원함에 이르는 믿음을 가진 자입니다(히10:39). 그리고 우리는 이 믿음으로 무엇이든지 말씀 안에서 계시된 것은 참된 것으로 믿게 됩니다(요2:22, 행24:14). 그래서 우리는 이 믿음으로 말씀의 명령에 복종하고, 말씀의 경고에 두려워하며, 이생이나 내생을 위한 말씀의 약속을 받습니다. 우리는 이 믿음으로 말미암아 은혜의 약속의 힘으로 의인과 성화와 영생을 얻기 위하여 예수 그리스도만 영접하고 그 안에서 쉬게 됩니다. 그리고 우리의 이 믿음은 말씀과 기도로 자라고 온전하게 되어갑니다(살후1:3, 딛1:13-14).

벧후1:1   "예수 그리스도의 종이며 사도인 시몬 베드로는 우리 하나님과 구주 예수 그리스도의 의를 힘입어 동일하게 보배로운 믿음을 우리와 함께 받은 자들에게 편지하노니"

히12:2   "믿음의 주요 또 온전하게 하시는 이인 예수를 바라보자 그는 그 앞에 있는 기쁨을 위하여 십자가를 참으사 부끄러움을 개의치 아니하시더니 하나님 보좌 우편에 앉으셨느니라"

갈5:5-6   "우리가 성령으로 믿음을 따라 의의 소망을 기다리노니 그리스도 예수 안에서는 할례나 무할례나 효력이 없으되 사랑으로써 역사하는 믿음뿐이니라"

히10:39   "우리는 뒤로 물러가 멸망할 자가 아니요 오직 영혼을 구원함에 이르는 믿음을 가진 자니라"

요2:22   "죽은 자 가운데서 살아나신 후에야 제자들이 이 말씀하신 것을 기억하고 성경과 예수께서 하신 말씀을 믿었더라"

행24:14   "그러나 이것을 당신께 고백하리이다 나는 그들이 이단이
          라 하는 도를 따라 조상의 하나님을 섬기고 율법과 선지
          자들의 글에 기록된 것을 다 믿으며"

살후1:3   "형제들아 우리가 너희를 위하여 항상 하나님께 감사할지
          니 이것이 당연함은 너희의 믿음이 더욱 자라고 너희가
          다 각기 서로 사랑함이 풍성함이니"

딛1:13-14 "이 증언이 참되도다 그러므로 네가 그들을 엄히 꾸짖으라
          이는 그들로 하여금 믿음을 온전하게 하고 유대인의 허탄
          한 이야기와 진리를 배반하는 사람들의 명령을 따르지 않
          게 하려 함이라"

하나님이 주신 믿음은 하나입니다(엡4:5-6). 그런데 하나님이 주
신 믿음을 받아서 지키며 행하는 우리들의 믿음은 각각 다를 수 있
습니다. 하나님이 주신 믿음의 씨는 같은데 우리가 맺는 믿음의 열
매는 다를 수 있습니다. 하나님께서 이스라엘 백성을 극상품포도나
무로 심으셨는데 그들은 들 포도를 맺었습니다(사5:2).

엡4:5-6   "주도 한 분이시오 믿음도 하나요 세례도 하나요 하나님도
          한 분이시니 곧 만유의 아버지시라 만유 위에 계시고 만
          유를 통일하시고 만유 가운데 계시도다"

사5:2   "땅을 파서 돌을 제하고 극상품 포도나무를 심었도다 그
          중에 망대를 세웠고 또 그 안에 술틀을 팠도다 좋은 포도
          맺기를 바랐더니 들포도를 맺었도다"

믿음은 모든 사람의 것이 아닙니다(살후3:2). 그래서 부당하고
악한 사람들도 있습니다. 믿음이 작은 자도 있습니다(마6:30-31,

14:31-32). 믿음에서 떠나고 벗어난 자도 있습니다(딤전6:10, 20-21). 말세에는 사람들이 믿음에서 떠나 미혹하는 영과 귀신의 가르침을 따릅니다(딤전4:1). 그러므로 우리는 예수님을 믿는 믿음을 저버리지 아니하고 그 믿음을 지켜야 합니다(계2:13, 딤후4:7). 그리고 우리는 우리의 믿음이 부족한 것을 보충해야 합니다(살전3:10). 그래서 우리의 믿음이 온전한 믿음이 되어야 합니다.

살후3:2 "또한 우리를 부당하고 악한 사람들에게서 건지시옵소서 하라 믿음은 모든 사람의 것이 아니니라"

마6:30–31 "오늘 있다가 내일 아궁이에 던져지는 들풀도 하나님이 이렇게 입히시거든 하물며 너희일까보냐 믿음이 작은 자들아 그러므로 염려하여 이르기를 무엇을 먹을까 무엇을 마실까 무엇을 입을까 하지 말라"

마14:31–32 "예수께서 즉시 손을 내밀어 그를 붙잡으시며 이르시되 믿음이 작은 자여 왜 의심하였느냐 하시고 배에 함께 오르매 바람이 그치는지라"

딤전6:10 "돈을 사랑함이 일만 악의 뿌리가 되나니 이것을 탐내는 자들은 미혹을 받아 믿음에서 떠나 많은 근심으로써 자기를 찔렀도다"

딤전6:20–21 "디모데야 망령되고 헛된 말과 거짓된 지식의 반론을 피함으로 네게 부탁한 것을 지키라 이것을 따르는 사람들이 있어 믿음에서 벗어났느니라 은혜가 너희와 함께 있을지어다"

딤전4:1 "그러나 성령이 밝히 말씀하시기를 후일에 어떤 사람들이 믿음에서 떠나 미혹하는 영과 귀신의 가르침을 따르리라 하셨느니라"

계2:13	"네가 어디에 사는지를 내가 아노니 거기는 사탄의 권좌가 있는 데라 네가 내 이름을 굳게 잡아서 내 충성된 증인 안디바가 너희 가운데 곧 사탄이 사는 곳에서 죽임을 당할 때에도 나를 믿는 믿음을 저버리지 아니하였도다"
딤후4:7	"나는 선한 싸움을 싸우고 나의 달려갈 길을 마치고 믿음을 지켰으니"
살전3:10	"주야로 심히 간구함은 너희 얼굴을 보고 너희 믿음이 부족한 것을 보충하게 하려 함이라"

그러면 우리의 믿음은 어떠한 믿음이어야 할까요?

1) 우리의 믿음은 하나님이 주신 보배로운 믿음이어야 합니다.

하나님은 성도에게 단번에 믿음을 주셨습니다(유1:3). 하나님은 알고 믿게 하려고 우리를 택하셨습니다(사43:10). 그리고 하나님은 택하신 우리를 믿음에 부요하게 하십니다(약2:5). 우리는 주 예수 그리스도를 믿는 믿음을 하나님께 받았습니다(약2:1). 우리는 보배로운 믿음을 하나님께 받았습니다(벧후1:1).

유1:3	"사랑하는 자들아 우리가 일반으로 받은 구원에 관하여 내가 너희에게 편지하려는 생각이 간절하던 차에 성도에게 단번에 주신 믿음의 도를 위하여 힘써 싸우라는 편지로 너희를 권하여야 할 필요를 느꼈노니"
사43:10	"나 여호와가 말하노라 너희는 나의 증인, 나의 종으로 택함을 입었나니 이는 너희가 나를 알고 믿으며 내가 그인 줄 깨닫게 하려 함이라 나의 전에 지음을 받은 신이 없었느니라 나의 후에도 없으리라"

약2:5	"내 사랑하는 형제들아 들을지어다 하나님이 세상에서 가난한 자를 택하사 믿음에 부요하게 하시고 또 자기를 사랑하는 자들에게 약속하신 나라를 상속으로 받게 하셨느니라"
약2:1	"내 형제들아 영광의 주 곧 우리 주 예수 그리스도에 대한 (그리스도를 믿는) 믿음을 너희가 가졌으니(받았으니) 사람을 차별하여 대하지 말라(외모로 취하지 말라)"
벧후1:1	"예수 그리스도의 종이며 사도인 시몬 베드로는 우리 하나님과 구주 예수 그리스도의 의를 힘입어 동일하게 보배로운 믿음을 우리와 함께 받은 자들에게 편지하노니"

2) 우리의 믿음은 예수 그리스도께서 주가 되시는 믿음이어야 합니다.

예수 그리스도는 우리의 믿음의 주요 우리를 온전하게 하십니다 (히12:2). 하나님이 예수님을 믿음으로 말미암는 화목제물로 세우셨습니다(롬3:25). 그리고 예수님은 세상에 오셔서 믿은바 되셨습니다(딤전3:16). 그래서 예수님이 세상에 오신 것은 믿음이 온 것입니다(갈3:23, 25). 우리가 믿음 안에 있는가를 우리 자신을 확증하는 것은 예수 그리스도께서 우리 안에 계신 줄을 아는 것입니다(고후13:5).

히12:2	"믿음의 주요 또 온전하게 하시는 이인 예수를 바라보자 그는 그 앞에 있는 기쁨을 위하여 십자가를 참으사 부끄러움을 개의치 아니하시더니 하나님 보좌 우편에 앉으셨느니라"

롬3:25	"이 예수를 하나님이 그의 피로써 믿음으로 말미암는 화목제 물로 세우셨으니 이는 하나님께서 길이 참으시는 중에 전에 지은 죄를 간과하심으로 자기의 의로우심을 나타내려 하심이니"
딤전3:16	"크도다 경건의 비밀이여, 그렇지 않다 하는 이 없도다 그는 육신으로 나타난 바 되시고 영으로 의롭다 하심을 받으시고 천사들에게 보이시고 만국에서 전파되시고 세상에서 믿은 바 되시고 영광 가운데서 올려지셨느니라"
갈3:23	"믿음이 오기 전에 우리는 율법 아래에 매인 바 되고 계시될 믿음의 때까지 갇혔느니라"
갈3:25	"믿음이 온 후로는 우리가 초등교사 아래에 있지 아니하도다"
고후13:5	"너희는 믿음 안에 있는가 너희 자신을 시험하고 너희 자신을 확증하라 예수 그리스도께서 너희 안에 계신 줄을 너희가 스스로 알지 못하느냐 그렇지 않으면 너희는 버림받은 자니라"

3) 우리의 믿음은 그리스도의 말씀을 들음에서 난 믿음이어야 합니다.

믿음은 들음에서 나며 들음은 그리스도의 말씀으로 말미암습니다(롬10:17). 그러므로 우리는 복음(말씀)을 듣고 믿음을 화합하였습니다(히4:2). 즉 우리는 그리스도 안에서 진리의 말씀 곧 구원의 복음을 듣고 믿어 약속의 성령으로 인치심을 받았습니다(엡1:13). 우리가 듣고 믿으며 전파하는 믿음의 말씀이 우리의 입에 있으며 우리의 마음에 있습니다(롬10:8). 그리고 우리가 받고 믿는 하나님의 말씀이 우리 속(가운데)에서 역사합니다(살전2:13). 데살로니가

교회 성도들은 바울에게 들은 바 하나님의 말씀을 받을 때에 사람의 말로 받지 아니하고 하나님의 말씀으로 받았습니다(살전2:13). 그래서 그들의 믿음의 소문이 각처에 퍼졌습니다(살전1:8)

롬10:17 "그러므로 믿음은 들음에서 나며 들음은 그리스도의 말씀으로 말미암았느니라"

히4:2 "그들과 같이 우리도 복음 전함을 받은 자이나 들은 바 그 말씀이 그들에게 유익하지 못한 것은 듣는 자가 믿음과 결부시키지 아니함이라"

엡1:13 "그 안에서 너희도 진리의 말씀 곧 너희의 구원의 복음을 듣고 그 안에서 또한 믿어 약속의 성령으로 인치심을 받았으니"

롬10:8 "그러면 무엇을 말하느냐 말씀이 네게 가까워 네 입에 있으며 네 마음에 있다 하였으니 곧 우리가 전파하는 믿음의 말씀이라"

살전2:13 "이러므로 우리가 하나님께 끊임없이 감사함은 너희가 우리에게 들은 바 하나님의 말씀을 받을 때에 사람의 말로 받지 아니하고 하나님의 말씀으로 받음이니 진실로 그러하도다 이 말씀이 또한 너희 믿는 자 가운데에서 역사하느니라"

살전1:8 "주의 말씀이 너희에게로부터 마게도냐와 아가야에만 들릴뿐 아니라 하나님을 향하는 너희 믿음의 소문이 각처에 퍼졌으므로 우리는 아무 말도 할 것이 없노라"

4) 우리의 믿음은 하나님의 능력에 있는 믿음이어야 합니다.

우리의 믿음이 사람의 지혜에 있지 아니하고 하나님의 능력에 있습니다. 하나님은 전도를 설득력 있는 지혜의 말로 하지 아니하고 성령의 나타나심과 능력으로 하게 하셔서 우리의 믿음이 사람의 지혜에 있지 아니하고 하나님의 능력에 있게 하십니다(고전2:4-5). 그리고 믿음이 하나님의 능력에 있는 믿는 자들에게는 표적이 따릅니다(막16:17-18). 하나님은 믿는 우리에게 지극히 크신 능력을 베푸십니다(엡1:19). 그리고 하나님은 믿음의 역사를 능력으로 이루게 하십니다(살후1:11). 복음은 성령의 나타나심과 능력으로 전하지 아니하고 말의 지혜로 전하면 그리스도의 십자가가 헛되게 됩니다(고전1:17).

고전2:4-5 "내 말과 내 전도함이 설득력 있는 지혜의 말로 하지 아니하고 다만 성령의 나타나심과 능력으로 하여 너희 믿음이 사람의 지혜에 있지 아니하고 다만 하나님의 능력에 있게 하려 하였노라"

막16:17-18 "믿는 자들에게는 이런 표적이 따르리니 곧 그들이 내 이름으로 귀신을 쫓아내며 새 방언을 말하며 뱀을 집어올리며 무슨 독을 마실지라도 해를 받지 아니하며 병든 사람에게 손을 얹은즉 나으리라 하시더라"

엡1:19 "그의 힘의 위력으로 역사하심을 따라 믿는 우리에게 베푸신 능력의 지극히 크심이 어떠한 것을 너희로 알게 하시기를 구하노라"

살후1:11 "이러므로 우리도 항상 너희를 위하여 기도함은 우리 하나님이 너희를 그 부르심에 합당한 자로 여기시고 모든 선을 기뻐함과 믿음의 역사를 능력으로 이루게 하시고"

고전1:17 "그리스도께서 나를 보내심은 세례를 베풀게 하려 하심이 아니요 오직 복음을 전하게 하려 하심이로되 말의 지혜로 하지 아니함은 그리스도의 십자가가 헛되지 않게 하려 함 이라"

5) 우리의 믿음은 사랑으로써 역사하는 믿음이어야 합니다.

그리스도 예수 안에서는 할례나 무할례나 효력이 없으되 사랑으로써 역사하는 믿음뿐입니다(갈5:6). 우리가 산을 옮길 만한 모든 믿음이 있을지라도 사랑이 없으면 우리가 아무 것도 아닙니다(고전13:2). 그리스도의 교훈의 목적은 청결한 마음과 선한 양심과 거짓이 없는 믿음에서 나오는 사랑입니다(딤전1:5).

갈5:6 "그리스도 예수 안에서는 할례나 무할례나 효력이 없으되 사랑으로써 역사하는 믿음뿐이니라"

고전13:2 "내가 예언하는 능력이 있어 모든 비밀과 모든 지식을 알고 또 산을 옮길 만한 모든 믿음이 있을지라도 사랑이 없으면 내가 아무 것도 아니요"

딤전1:5 "이 교훈의 목적은 청결한 마음과 선한 양심과 거짓이 없는 믿음에서 나오는 사랑이거늘"

6) 우리의 믿음은 기도하는 믿음이어야 합니다.

우리는 예수 그리스도를 믿으므로 예수 이름으로 하나님 아버지께 기도합니다. 우리의 기도는 믿음의 기도입니다. 그리고 믿음의 기도는 믿음의 증거가 됩니다. 예수님은 우리가 믿음으로 기도하기를 원하십니다(눅18:7-8). 우리가 기도할 때에 무엇이든지 믿고 구하는 것은 다 받습니다(마21:22). 우리는 믿음으로 구하고 조금도 의심하지 말아야 합니다(약1:6-7). 믿음의 기도는 병든 자를 구원합니다(약5:15).

눅18:7-8	"하물며 하나님께서 그 밤낮 부르짖는 택하신 자들의 원한을 풀어 주지 아니하시겠느냐 그들에게 오래 참으시겠느냐 내가 너희에게 이르노니 속히 그 원한을 풀어 주시리라 그러나 인자가 올 때에 세상에서 믿음을 보겠느냐"
마21:22	"너희가 기도할 때에 무엇이든지 믿고 구하는 것은 다 받으리라 하시니라"
약1:6-7	"오직 믿음으로 구하고 조금도 의심하지 말라 의심하는 자는 마치 바람에 밀려 요동하는 바다 물결 같으니 이런 사람은 무엇이든지 주께 얻기를 생각하지 말라"
약5:15	"믿음의 기도는 병든 자를 구원하리니 주께서 그를 일으키시리라 혹시 죄를 범하였을지라도 사하심을 받으리라"

7) 우리의 믿음은 행함이 있는 믿음이어야 합니다.

우리가 믿음이 있노라 하고 행함이 없으면 아무 유익이 없습니다(약2:14). 행함이 없는 믿음은 그 자체가 죽은 것입니다(약2:17). 행함이 없는 믿음은 헛것입니다(약2:20). 우리는 행함으로 우리 믿음을 보일 수 있습니다(약2:18). 아브라함은 믿음이 그의 행함과 함께 일하고 행함으로 믿음이 온전하게 되었습니다(약2:21-22).

약2:14	"내 형제들아 만일 사람이 믿음이 있노라 하고 행함이 없 으면 무슨 유익이 있으리요 그 믿음이 능히 자기를 구원 하겠느냐"
약2:17	"이와 같이 행함이 없는 믿음은 그 자체가 죽은 것이라"
약2:20	"아아 허탄한 사람아 행함이 없는 믿음이 헛것인 줄을 알 고자 하느냐"
약2:18	"어떤 사람은 말하기를 너는 믿음이 있고 나는 행함이 있 으니 행함이 없는 네 믿음을 내게 보이라 나는 행함으로 내 믿음을 네게 보이리라 하리라"
약2:21-22	"우리 조상 아브라함이 그 아들 이삭을 제단에 바칠 때에 행함으로 의롭다 하심을 받은 것이 아니냐 네가 보거니와 믿음이 그의 행함과 함께 일하고 행함으로 믿음이 온전하 게 되었느니라"

8) 우리의 믿음은 자라는 믿음이어야 합니다.

복음에는 하나님의 의가 나타나서 믿음으로 믿음에 이르게 합니다(롬1:17). 믿음으로 믿음에 이르게 함은 믿음이 자라는 것입니다. 데살로니가교회 성도들의 믿음은 더욱 자랐습니다(살후1:3). 그래서 사도 바울은 그들을 위하여 항상 하나님께 감사했습니다. 또 사도 바울은 고린도교회 성도들의 믿음이 자랄수록 자기의 자랑이 그들 가운데서 더욱 풍성하여지기를 바랐습니다(고후10:15).

어떤 사람은 모든 것을 먹을 만한 믿음이 있고 반면에 채소만 먹는 믿음이 연약한 자도 있습니다(롬14:2). 믿음이 강한 자가 있고 믿음이 약한 자가 있습니다(롬15:1). 그러므로 우리는 믿음의 진보가 있어야 합니다. 사도 바울은 빌립보교회 성도들의 믿음의 진보와 기쁨을 위하여 죽지 않고 그들과 함께 거할 것을 확실히 알았습니다(빌1:25). 우리는 믿음이 자라서 온전한 믿음으로 하나님께 나아가야 합니다(히10:22).

롬1:17	"복음에는 하나님의 의가 나타나서 믿음으로 믿음에 이르게 하나니 기록된바 오직 의인은 믿음으로 말미암아 살리라함과 같으니라"
살후1:3	"형제들아 우리가 너희를 위하여 항상 하나님께 감사할지니 이것이 당연함은 너희의 믿음이 더욱 자라고 너희가 다 각기 서로 사랑함이 풍성함이니"
고후10:15	"우리는 남의 수고를 가지고 분수 이상의 자랑을 하는 것이 아니라 오직 너희 믿음이 자랄수록 우리의 규범을 따라 너희 가운데서 더욱 풍성하여지기를 바라노라"
롬14:2	"어떤 사람은 모든 것을 먹을 만한 믿음이 있고 믿음이 연약한 자는 채소만 먹느니라"
롬15:1	"믿음이 강한 우리는 마땅히 믿음이 약한 자의 약점을 담당하고 자기를 기쁘게 하지 아니할 것이라"
빌1:25	"내가 살 것과 너희 믿음의 진보와 기쁨을 위하여 너희 무리와 함께 거할 이것을 확실히 아노니"
히10:22	"우리가 마음에 뿌림을 받아 악한 양심으로부터 벗어나고 몸은 맑은 물로 씻음을 받았으니 참 마음과 온전한 믿음으로 하나님께 나아가자"

2. 믿음으로 행한 선진들

믿음은 바라는 것들이 실상이 되게 하고 보이지 않는 것들을 증거하게 합니다. 믿음의 선진(선배)들은 믿음으로 행하였습니다. 그래서 믿음의 선진들은 믿음으로써 증거를 얻었습니다(히11:1-2). 믿음의 선진들의 믿음은 온전한 믿음이었습니다. 그리고 믿음의 선진들은 우리에게 구름 같이 둘러싼 허다한 증인들이 되어 우리로 죄를 벗어 버리고 우리 앞에 당한 경주를 하게 합니다(히12:1)

> 히11:1-2 "믿음은 바라는 것들의 실상이요 보이지 않는 것들의 증거니 선진들이 이로써 증거를 얻었느니라"

> 히12:1 "이러므로 우리에게 구름 같이 둘러싼 허다한 증인들이 있으니 모든 무거운 것과 얽매이기 쉬운 죄를 벗어 버리고 인내로써 우리 앞에 당한 경주를 하며"

아벨은 믿음으로 가인보다 더 나은 제사를 하나님께 드림으로 의로운 자라 하는 증거를 얻었는데 하나님이 그 예물에 대하여 증언하셨습니다(히11:4). 믿음으로 행하는 자는 하나님이 받으시는 제사(예배)를 드립니다.

> 히11:4 "믿음으로 아벨은 가인보다 더 나은 제사를 하나님께 드림으로 의로운 자라 하시는 증거를 얻었으니 하나님이 그 예물에 대하여 증언하심이라 그가 죽었으나 그 믿음으로써 지금도 말하느니라"

에녹은 믿음으로 죽음을 보지 않고 옮겨졌는데 그는 옮겨지기 전에 하나님을 기쁘시게 하는 자라 하는 증거를 받았습니다(히11:5). 믿음으로 행하는 자는 하나님을 기쁘시게 합니다.

> 히11:5 　"믿음으로 에녹은 죽음을 보지 않고 옮겨졌으니 하나님이 그를 옮기심으로 다시 보이지 아니하였느니라 그는 옮겨 지기 전에 하나님을 기쁘시게 하는 자라 하는 증거를 받 았느니라"

노아는 믿음으로 아직 보이지 않는 일에 경고하심을 받아 경외함으로 방주를 준비하여 그 집을 구원하였습니다(히11:7). 믿음으로 행하는 자는 보이지 않는 일에도 하나님의 경고하신 일에 순종합니다.

> 히11:7 　"믿음으로 노아는 아직 보이지 않는 일에 경고하심을 받아 경외함으로 방주를 준비하여 그 집을 구원하였으니 이로 말미암아 세상을 정죄하고 믿음을 따르는 의의 상속자가 되었느니라"

아브라함은 부르심을 받았을 때에 믿음으로 순종하여 나아갔습니다(히11:8). 또한 아브라함은 시험을 받을 때에 믿음으로 이삭을 드렸습니다(히11:17). 사라는 믿음으로 잉태할 수 있는 힘을 얻었습니다(히11:11). 아브라함, 이삭, 야곱은 믿음을 따라 죽었으며 하늘에 있는 본향 찾는 자임을 나타냈습니다(히11:13-16). 이삭은 믿음으로 장차 있을 일에 대하여 아들들에게 축복하였습니다(히

11:20). 믿음으로 행하는 자는 하나님의 부르심을 받았을 때와 시험을 받을 때에 순종합니다. 그리고 약속하신 하나님을 미쁘신 줄 알며, 천국을 사모하며 땅에서는 외국인과 나그네임을 증언합니다.

히11:8　　　"믿음으로 아브라함은 부르심을 받았을 때에 순종하여 장래의 유업으로 받을 땅에 나아갈새 갈 바를 알지 못하고 나아갔으며"

히11:17　　　"아브라함은 시험을 받을 때에 믿음으로 이삭을 드렸으니 그는 약속들을 받은 자로되 그 외아들을 드렸느니라"

히11:11　　　"믿음으로 사라 자신도 나이가 많아 단산하였으나 잉태할 수 있는 힘을 얻었으니 이는 약속하신 이를 미쁘신 줄 알았음이라"

히11:13-16　"이 사람들은 다 믿음을 따라 죽었으며 약속을 받지 못하였으되 그것들을 멀리서 보고 환영하며 또 땅에서는 외국인과 나그네임을 증언하였으니 그들이 이같이 말하는 것은 자기들이 본향 찾는 자임을 나타냄이라 그들이 나온 바 본향을 생각하였더라면 돌아갈 기회가 있었으려니와 그들이 이제는 더 나은 본향을 사모하니 곧 하늘에 있는 것이라 이러므로 하나님이 그들의 하나님이라 일컬음 받으심을 부끄러워하지 아니하시고 그들을 위하여 한 성을 예비하셨느니라"

히11:20　　　"믿음으로 이삭은 장차 있을 일에 대하여 야곱과 에서에게 축복하였으며"

모세의 부모는 믿음으로 모세가 났을 때에 석달 동안 숨겨 왕의 명령을 무서워하지 아니하였습니다(히11:23). 그리고 모세는 믿음으로 하나님의 백성과 함께 고난 받기를 잠시 죄악의 낙을 누리는 것보다 더 좋아하고 그리스도를 위하여 받는 수모를 애굽의 모든 보화보다 더 큰 재물로 여겼습니다(히11:24-26). 믿음으로 행하는 자는 세상 권세자들을 무서워하지 아니하며 하나님의 백성과 함께 고난 받기를 좋아하며 그리스도를 위하여 받는 수모를 기뻐합니다.

> 히11:23   "믿음으로 모세가 났을 때에 그 부모가 아름다운 아이임을 보고 석달 동안 숨겨 왕의 명령을 무서워하지 아니하였으며"
>
> 히11:24-26 "믿음으로 모세는 장성하여 바로의 공주의 아들이라 칭함 받기를 거절하고 도리어 하나님의 백성과 함께 고난 받기를 잠시 죄악의 낙을 누리는 것보다 더 좋아하고 그리스도를 위하여 받는 수모를 애굽의 보화보다 더 큰 재물로 여겼으니 이는 상 주심을 바라봄이라"

사사들과 다윗 및 사무엘과 선지자들은 믿음으로 나라들을 이기기도 하며 의를 행하기도 하며 약속을 받기도 하며 사자들의 입을 막기도 하며 불의 세력을 멸하기도 하며 칼날을 피하기도 하며 연약한 가운데서 강하게 되기도 하며 전쟁에 용감하게 되어 이방 사람들의 진을 물리치기도 하였습니다(히11:32-34). 또 여자들은 자기의 죽은 자들을 부활로 받아들이기도 하며 또 어떤 이들은 더 좋은 부활을 얻고자 하여 심한 고문을 받되 구차히 풀려나기를 원하지 아니하였으며 또 어떤 이들은 조롱과 채찍질뿐 아니라 결박과 옥에 갇히는 시련도 받았으며 돌로 치는 것과 톱으로 켜는 것과 시험과 칼로 죽임을 당하고 양과 염소의 가죽을 입고 유리하여 궁핍과 환난과 학대를 받았으므로 그들이 광야와 산과 동굴과 토굴에 유리하였습니다(히11:35-38). 이렇게 믿음으로 행한 사람은 세상이 감당하지 못합니다. 믿음으로 행하는 자들은 믿음으로 승리하기도 하고 믿음으로 고난을 받기도 합니다.

> 히11:32-34 "내가 무슨 말을 더 하리요 기드온, 바락, 삼손, 입다, 다윗 및 사무엘과 선지자들의 일을 말하려면 내게 시간이 부족하리로다 그들은 믿음으로 나라들을 이기기도 하며 의를 행하기도 하며 약속을 받기도 하며 사자들의 입을 막기도 하며 불의 세력을 멸하기도 하며 칼날을 피하기도 하며 연약한 가운데서 강하게 되기도 하며 전쟁에 용감하게 되어 이방 사람들의 진을 물리치기도 하며"

> 히11:35-38 "여자들은 자기의 죽은 자들을 부활로 받아들이기도 하며 또 어떤 이들은 더 좋은 부활을 얻고자 하여 심한 고문을 받되 구차히 풀려나기를 원하지 아니하였으며 또 어떤 이들은 조롱과 채찍질뿐아니라 결박과 옥에 갇히는 시련도 받았으며 돌로 치는 것과 톱으로 켜는 것과 시험과 칼로 죽임을 당하고 양과 염소의 가죽을 입고 유리하여 궁핍과 환난과 학대를 받았으니 (이런 사람은 세상이 감당하지 못하느니라) 그들이 광야와 산과 동굴과 토굴에 유리하였느니라"

3. 우리는 온전한 믿음을 가져야 합니다.

우리는 하나님께 받은 믿음을 가지고 있어야 합니다. 우리는 내게 있는 믿음을 하나님 앞에서 스스로 가지고 있어야 합니다(롬 14:22). 그리고 우리는 믿음 안에 있는가 우리 자신을 시험(test)하고 우리 자신을 확증해야 합니다(고후13:5). 그래서 우리는 참 마음과 온전한 믿음으로 하나님께 나아가야 합니다(히10:22). 믿음이 없이는 하나님을 기쁘시게 하지 못하므로 하나님께 나아가는 우리는 반드시 하나님이 계신 것과 또한 그가 자기를 찾는 자들에게 상 주시는 이심을 믿어야 합니다(히11:6).

롬14:22   "네게 있는 믿음을 하나님 앞에서 스스로 가지고 있으라
            자기가 옳다 하는 바로 자기를 정죄하지 아니하는 자는
            복이 있도다"

고후13:5   "너희는 믿음 안에 있는가 너희 자신을 시험하고 너희 자
            신을 확증하라 예수 그리스도께서 너희 안에 계신 줄을
            너희가 스스로 알지 못하느냐 그렇지 않으면 너희는 버림
            받은 자니라"

히10:22   "우리가 마음에 뿌림을 받아 악한 양심으로부터 벗어나고
            몸은 맑은 물로 씻음을 받았으니 참 마음과 온전한 믿음
            으로 하나님께 나아가자"

히11:6   "믿음이 없이는 하나님을 기쁘시게 하지 못하나니 하나님
            께 나아가는 자는 반드시 그가 계신 것과 또한 그가 자기
            를 찾는 자들에게 상 주시는 이심을 믿어야 할지니라"

1) 우리의 아버지 하나님이 온전하십니다.

하늘에 계신 우리 아버지 하나님은 온전하십니다(마5:48). 하나님은 하신 일이 완전합니다(신32:4). 그리고 하나님의 도는 완전하고 하나님의 말씀은 진실합니다(삼하22:31). 또한 하나님께서는 온전한 자의 날을 아시고(시37:18), 완전한 자에게는 주의 완전하심을 보이시며(삼하22:26-27), 행실이 온전한 자에게 방패가 되십니다(잠2:7). 그러므로 우리는 우리의 아버지 하나님이 온전하심을 알고 온전히 믿어야 합니다. 그리고 하나님 아버지의 온전하심과 같이 우리도 온전해야 합니다.

마5:48   "그러므로 하늘에 계신 너희 아버지의 온전하심과 같이 너희도 온전하라"

신32:4   "그는 반석이시니 그가 하신 일이 완전하고 그의 모든 길이 정의롭고 진실하고 거짓이 없으신 하나님이시니 공의로우시고 바르시도다"

삼하22:31 "하나님의 도는 완전하고 여호와의 말씀은 진실하니 그는 자기에게 피하는 모든 자에게 방패시로다"

시37:18   "여호와께서 온전한 자의 날을 아시나니 그들의 기업은 영원하리로다"

삼하22:26-27 "자비한 자에게는 주의 자비하심을 나타내시며 완전한 자에게는 주의 완전하심을 보이시며 깨끗한 자에게는 주의 깨끗하심을 보이시며 사악한 자에게는 주의 거스르심을 보이시리이다"

잠2:7   "그는 정직한 자를 위하여 완전한 지혜를 예비하시며 행실이 온전한 자에게 방패가 되시나니"

하나님이 우리의 구원의 창시자 예수 그리스도를 고난을 통하여 온전하게 하셨습니다(히2:10). 예수님은 아들이시면서도 받으신 고난으로 순종함을 배워서 온전하게 되셨습니다. 그리고 예수님은 자기에게 순종하는 모든 자에게 영원한 구원의 근원이 되셨습니다(히5:8-9). 우리는 우리의 구원의 창시자요 근원이 되신 예수님이 온전하심을 알고 믿어야 합니다.

히2:10   "그러므로 만물이 그를 위하고 또한 그로 말미암은 이가 많은 아들들을 이끌어 영광에 들어가게 하시는 일에 그들의 구원의 창시자를 고난을 통하여 온전하게 하심이 합당하도다"

히5:8-9   "그가 아들이시면서도 받으신 고난으로 순종함을 배워서 온전하게 되셨은즉 자기에게 순종하는 모든 자에게 영원한 구원의 근원이 되시고"

2) 하나님이 우리를 온전하게 하십니다.

하나님이 우리를 온전하게 하십니다(벧전5:10). 하나님이 친히 우리를 온전히 거룩하게 하십니다(살전5:23). 그리고 하나님이 우리의 길을 완전하게 하십니다(시18:32).

벧전5:10   "모든 은혜의 하나님 곧 그리스도 안에서 너희를 부르사 자기의 영원한 영광에 들어가게 하신 이가 잠깐 고난을 당한 너희를 친히 온전하게 하시며 굳건하게 하시며 강하게 하시며 터를 견고하게 하시리라"

살전5:23   "평강의 하나님이 친히 너희를 온전히 거룩하게 하시고 또 너희 온 영과 혼과 몸이 우리 주 예수 그리스도께서 강림하실 때에 흠 없게 보전되기를 원하노라"

시18:32　"이 하나님이 힘으로 내게 띠 띠우시며 내 길을 완전하게 하시며"

　　예수님이 우리를 온전하게 하십니다(히12:2). 예수님이 교회에 직분자들을 세워 성도를 온전하게 하십니다(엡4:11-12). 그래서 사도 바울은 디도에게 성도들의 믿음을 온전하게 하기 위하여 엄히 꾸짖으라고 명하였습니다(딛1:13-14). 또 사도 바울은 성도들의 믿음을 온전하게 하기 위하여 주야로 심히 간구하였습니다(살전3:10, 고후13:9). 그리고 사도 바울은 각 사람을 그리스도 안에서 완전한 자로 세우려고 예수 그리스도를 전파하여 각 사람을 권하고 모든 지혜로 각 사람을 가르쳤습니다(골2:28). 그러므로 우리는 온전한 믿음을 가져야 합니다. 우리의 믿음이 온전해지는 만큼 행복하고, 기쁘고, 감사하고, 담대해지고, 복을 받습니다.

히12:2　"믿음의 주요 또 온전하게 하시는 이인 예수를 바라보자 그는 그 앞에 있는 기쁨을 위하여 십자가를 참으사 부끄러움을 개의치 아니하시더니 하나님 보좌 우편에 앉으셨느니라"

엡4:11-12　"그가 어떤 사람은 사도로, 어떤 사람은 선지자로, 어떤 사람은 복음 전하는 자로, 어떤 사람은 목사와 교사로 주셨으니 이는 성도를 온전하게 하여 봉사의 일을 하게 하며 그리스도의 몸을 세우려 하심이라"

딛1:13-14　"이 증언이 참 되도다 그러므로 네가 그들을 엄히 꾸짖으라 이는 그들로 하여금 믿음을 온전하게 하고 유대인의 허탄한 이야기와 진리를 배반하는 사람들의 명령을 따르지 않게 하려 함이라"

살전3:10 "주야로 심히 간구함은 너희 얼굴을 보고 너희 믿음이 부족한 것을 보충하게 하려 함이라"

고후13:9 "우리가 약할 때에 너희가 강한 것을 기뻐하고 또 이것을 위하여 구하니 곧 너희가 온전하게 되는 것이라"

골1:28 "우리가 그를 전파하여 각 사람을 권하고 모든 지혜로 각 사람을 가르침은 각 사람을 그리스도 안에서 완전한 자로 세우려 함이니"

3) 우리는 온전해야 합니다.

우리는 온전하게 되어야 합니다(고후13:11). 하나님은 "너는 네 하나님 여호와 앞에서 완전하라"(신18:13)고 명하셨습니다. 예수님은 "하늘에 계신 너희 아버지의 온전하심과 같이 너희도 온전하라"(마5:48)고 말씀하셨습니다. 또한 예수님은 제자가 그 선생보다 높지 못하나 무릇 온전하게 된 자는 그 선생과 같으리라고 말씀하셨습니다(눅6:40). 사도 바울은 성도들이 온전하게 되는 것을 구하였습니다(고후13:9). 우리는 하나님의 사람으로 온전하게 되며 모든 선한 일을 행하기에 온전하게 되어야 합니다. 우리는 성경 말씀으로 교훈과 책망과 바르게 함과 의로 교육을 받아 하나님의 사람으로 온전하게 되며 모든 선한 일을 행하기에 온전하게 되어갑니다(딤후3:16-17).

고후13:11   "마지막으로 말하노니 형제들아 기뻐하라 온전하게 되며
             위로를 받으며 마음을 같이하며 평안할지어다 또 사랑과
             평강의 하나님이 너희와 함께 계시리라 거룩하게 입맞춤
             으로 서로 문안하라"

눅6:40   "제자가 그 선생보다 높지 못하나 무릇 온전하게 된 자는
             그 선생과 같으리라"

고후13:9   "우리가 약할 때에 너희가 강한 것을 기뻐하고 또 이것을
             위하여 구하니 곧 너희가 온전하게 되는 것이라"

딤후3:16–17 "모든 성경은 하나님의 감동으로 된 것으로 교훈과 책망과
             바르게 함과 의로 교육하기에 유익하니 이는 하나님의 사
             람으로 온전하게 하며 모든 선한 일을 행할 능력을 갖추
             게 하려 함이라"

우리는 행위가 온전해야 합니다. 사데교회는 하나님 앞에 그들의
행위의 온전한 것을 찾지 못하였습니다(계3:2). 다윗은 마음을 온
전히 하고 바르게 하여 행하였으며 여호와 하나님을 온전히 따랐습
니다(왕상9:4, 왕상11:6). 온전하게 행하는 자가 의인이며 그의 후
손에게 복이 있습니다(잠20:7). 그리고 행위가 온전한 자는 하나님
의 기뻐하심을 받습니다(잠11:20). 하나님은 행실이 온전한 자에게
방패가 되십니다(잠2:7).

계3:2   "너는 일깨어 그 남은 바 죽게 된 것을 굳건하게 하라 내
             하나님 앞에 네 행위의 온전한 것을 찾지 못하였노니"

왕상9:4   "네가 만일 네 아버지 다윗이 행함 같이 마음을 온전히 하
             고 바르게 하여 내 앞에서 행하며 내가 네게 명령한 대로
             온갖 일에 순종하여 내 법도와 율례를 지키면"

왕상11:6	"솔로몬이 여호와의 눈앞에서 악을 행하여 그의 아버지 다윗이 여호와를 온전히 따름 같이 따르지 아니하고"
잠20:7	"온전하게 행하는 자가 의인이라 그의 후손에게 복이 있느니라"
잠11:20	"마음이 굽은 자는 여호와께 미움을 받아도 행위가 온전한 자는 그의 기뻐하심을 받느니라"
잠2:7	"그는 정직한 자를 위하여 완전한 지혜를 예비하시며 행실이 온전한 자에게 방패가 되시나니"

우리는 믿음과 사랑과 인내함에 온전하게 해야 합니다(딛2:2). 우리는 거룩함을 온전히 이루어야 합니다(고후7:1). 우리는 인내를 온전히 이루어야 합니다(약1:4). 우리는 사랑을 온전히 이루어야 합니다. 하나님의 말씀을 지키는 자는 하나님의 사랑이 그 속에서 온전하게 되었습니다(요일2:5). 또 우리가 서로 사랑하면 하나님의 사랑이 우리 안에 온전히 이루어집니다(요일4:12). 하나님의 사랑이 우리에게 온전히 이루어진 것은 우리로 심판 날에 담대함을 가지게 하려 함입니다(요일4:17). 그리고 사랑 안에서 온전히 이룬 자는 두려워하지 않습니다(요일4:18).

딛2:2	"늙은 남자로는 절제하며 경건하며 신중하며 믿음과 사랑과 인내함에 온전하게 하고"
고후7:1	"그런즉 사랑하는 자들아 이 약속을 가진 우리는 하나님을 두려워하는 가운데서 거룩함을 온전히 이루어 육과 영의 온갖 더러운 것에서 자신을 깨끗하게 하자"

약1:4	"인내를 온전히 이루라 이는 너희로 온전하고 구비하여 조금도 부족함이 없게 하려 함이라"
요일2:5	"누구든지 그의 말씀을 지키는 자는 하나님의 사랑이 참으로 그 속에서 온전하게 되었나니 이로써 우리가 그의 안에 있는 줄을 아노라"
요일4;12	"어느 때나 하나님을 본 사람이 없으되 만일 우리가 서로 사랑하면 하나님이 우리 안에 거하시고 그의 사랑이 우리 안에 온전히 이루어지느니라"
요일4:17	"이로써 사랑이 우리에게 온전히 이루어진 것은 우리로 심판 날에 담대함을 가지게 하려 함이니 주께서 그러하심과 같이 우리도 이 세상에서 그러하니라"
요일4:18	"사랑 안에 두려움이 없고 온전한 사랑이 두려움을 내쫓나니 두려움에는 형벌이 있음이라 두려워하는 자는 사랑 안에서 온전히 이루지 못하였느니라"

4. 우리는 아브라함의 믿음을 알아야 합니다.

성경은 아브라함의 믿음을 말씀하고 있습니다. 사도 바울은 로마서에서 믿음을 말씀할 때 아브라함의 믿음을 예로 들었습니다(롬4장). 아브라함이나 그 후손에게 세상의 상속자가 되리라고 하신 하나님의 언약은 믿음으로 말미암은 것입니다(롬4:13). 우리는 아브라함의 믿음을 통해서 우리의 믿음을 알아야 합니다. 그리고 우리도 아브라함과 같은 믿음을 가져야 합니다.

롬4:13   "아브라함이나 그 후손에게 세상의 상속자가 되리라고 하
          신 언약은 율법으로 말미암은 것이 아니요 오직 믿음의
          의로 말미암은 것이니라."

1) 왜 우리는 아브라함의 믿음을 알아야 할까요?

하나님께서 아브라함을 믿는 모든 자의 조상이 되게 하셨습니다
(창17:5, 롬4:11). 그리고 하나님께서 예수 그리스도를 믿는 자들을
의로 여기시기 위하여 먼저 아브라함이 하나님을 믿으매 그를 의로
여기셨습니다(창15:6, 롬4:23-24). 또한 하나님이 먼저 아브라함에
게 복음을 전하여 "모든 이방이 너를 인하여 복을 받으리라"고 하
셨습니다(창22:18, 갈3:8). 그리고 믿음으로 말미암은 자는 아브라
함과 함께 복을 받습니다(갈3:9). 그러므로 우리는 아브라함의 믿
음을 알아야 합니다.

창17:5   "이제 후로는 네 이름을 아브람이라 하지 아니하고 아브라
          함이라 하리니 이는 내가 너를 여러 민족의 아버지가 되
          게 함이니라"

롬4:11   "그가 할례의 표를 받은 것은 무할례시에 믿음으로 된 의
          를 인친 것이니 이는 무할례자로서 믿는 모든 자의 조상
          이 되어 그들도 의로 여기심을 얻게 하려 하심이라"

창15:6   "아브람이 여호와를 믿으니 여호와께서 이를 그의 의로 여
          기시고"

롬4:23-24 "그에게 의로 여겨졌다 기록된 것은 아브라함만 위한 것이
          아니요 의로 여기심을 받을 우리도 위함이니 곧 예수 우
          리 주를 죽은 자 가운데서 살리신 이를 믿는 자니라"

창22:18	"또 네 씨로 말미암아 천하 만민이 복을 받으리니 이는 네가 나의 말을 준행하였음이니라"
갈3:8	"또 하나님이 이방을 믿음으로 말미암아 의로 정하실 것을 성경이 미리 알고 먼저 아브라함에게 복음을 전하되 모든 이방인이 너로 말미암아 복을 받으리라 하였느니라"
갈3:9	"그러므로 믿음으로 말미암은 자는 믿음이 있는 아브라함과 함께 복을 받느니라."

2) 아브라함의 믿음은 어떤 믿음인가요?

아브라함의 믿음은 죽은 자를 살리시며 없는 것을 있는 것같이 부르시는 하나님을 믿는 믿음입니다(롬4:17). 그래서 아브라함은 바랄 수 없는 중에 바라고 믿었습니다(롬4:18-22). 또 아브라함은 예수님의 때 볼 것을 즐거워하다가 보고 기뻐하였습니다(요8:56). 아브라함의 믿음은 온전한 믿음이었습니다.

롬4:17	"기록된바 내가 너를 많은 민족의 조상으로 세웠다 하심과 같으니 그가 믿은 바 하나님은 죽은 자를 살리시며 없는 것을 있는 것으로 부르시는 이시니라."
롬4:18-22	"아브라함이 바랄 수 없는 중에 바라고 믿었으니 이는 네 후손이 이같으리라 하신 말씀대로 많은 민족의 조상이 되게 하려 하심이라 그가 백 세나 되어 자기 몸이 죽은 것 같음을 알고도 믿음이 약하여지지 아니하고 믿음이 없어 하나님의 약속을 의심하지 않고 믿음으로 견고하여져서 하나님께 영광을 돌리며 약속하신 그것을 또한 능히 이루실줄을 확신하였으니 그러므로 그것이 그에게 의로 여겨졌느니라"

요8:56 "너희 조상 아브라함은 나의 때 볼 것을 즐거워하다가 보고 기뻐하였느니라"

3) 아브라함의 삶은 어떤 삶인가요?

믿음은 말로만 믿는 것이 아닙니다. 믿음은 삶으로 나타납니다. 하나님을 믿는 믿음에 따라서 삶이 달라집니다. 그리고 믿음이 사람에 따라서 삶도 달라집니다. 행함이 없는 믿음은 죽은 것이며 행함으로 믿음을 보일 수 있습니다(약2:17-18). 행함이 믿음을 증거합니다.

약2:17-18 "이와 같이 행함이 없는 믿음은 그 자체가 죽은 것이라 어떤 사람은 말하기를 너는 믿음이 있고 나는 행함이 있으니 행함이 없는 네 믿음을 내게 보이라 나는 행함으로 내 믿음을 네게 보이리라 하리라"

아브라함은 하나님께 영광을 돌렸습니다(롬4:20). 또 아브라함은 하나님을 경외하였습니다(창22:12). 아브라함은 독자 이삭이라도 하나님께 아끼지 아니하였습니다. 그리고 아브라함은 이 땅에서는 나그네로 살면서 하늘에 있는 본향인 천국을 사모하였습니다(히11:9-10, 11:13-16). 그래서 하나님은 아브라함의 하나님이라 일컬음 받으심을 부끄러워하지 아니하시고 그를 위하여 한 성을 예비하셨습니다. 그래서 많은 성도들이 아브라함과 함께 천국에 앉을 것입니다(마8:11, 눅13:28). 아브라함의 삶은 온전한 믿음의 삶이었습니다. 그래서 예수님은 아브라함이 행한 일들을 하라고 말씀하셨습니다(요8:39-40).

| 롬4:20 | "믿음이 없어 하나님의 약속을 의심하지 않고 믿음으로 견고하여져서 하나님께 영광을 돌리며" |

롬4:20   "믿음이 없어 하나님의 약속을 의심하지 않고 믿음으로 견
고하여져서 하나님께 영광을 돌리며"

창22:12   "사자가 이르시되 그 아이에게 네 손을 대지 말라 그에게
아무 일도 하지 말라 네가 네 아들 네 독자까지도 아끼지
아니하였으니 내가 이제야 네가 하나님을 경외하는 줄을
아노라"

히11:9-10 "믿음으로 그가 이방의 땅에 있는 것 같이 약속의 땅에 거
류하여 동일한 약속을 유업으로 함께 받은 이삭 및 야곱
과 더불어 장막에 거하였으니 이는 그가 하나님이 계획하
시고 지으실 터가 있는 성을 바랐음이라"

히11:13-16 "이 사람들은 다 믿음을 따라 죽었으며 약속을 받지 못하
였으되 그것들을 멀리서 보고 환영하며 또 땅에서는 외국
인과 나그네임을 증언하였으니 그들이 이같이 말하는 것
은 자기들이 본향 찾는 자임을 나타냄이라 그들이 나온
바 본향을 생각하였더라면 돌아갈 기회가 있었으려니와
그들이 이제는 더 나은 본향을 사모하니 곧 하늘에 있는
것이라 이러므로 하나님이 그들의 하나님이라 일컬음 받
으심을 부끄러워하지 아니하시고 그들을 위하여 한 성을
예비하셨느니라"

마8:11-12 "또 너희에게 이르노니 동 서로부터 많은 사람이 이르러
아브라함과 이삭과 야곱과 함께 천국에 앉으려니와 그 나
라의 본 자손들은 바깥 어두운 데 쫓겨나 거기서 울며 이
를 갈게 되리라"

눅13:28   "너희가 아브라함과 이삭과 야곱과 모든 선지자는 하나님
나라에 있고 오직 너희는 밖에 쫓겨난 것을 볼 때에 거기
서 슬피 울며 이를 갈리라"

요8:39-40 "대답하여 이르되 우리 아버지는 아브라함이라 하니 예수
께서 이르시되 너희가 아브라함의 자손이면 아브라함이
행한 일들을 할 것이거늘 지금 하나님께 들은 진리를 너
희에게 말한 사람인 나를 죽이려 하는도다 아브라함은 이
렇게 하지 아니하였느니라"

5. 아브라함의 믿음은 자라는 믿음입니다.

아브라함의 믿음이 처음부터 온전한 믿음이 된 것은 아닙니다.

아브라함의 믿음은 점점 자랐습니다. 아브라함의 믿음이 자란 것
은 하나님이 나타나 말씀하심으로 자랐습니다. 하나님은 아브라함
에게 창12:1에서 말씀하셨고, 창15:1에서 말씀이 이상 중에 임하여
말씀하셨고, 창17:1에서 말씀하셨고, 창18:1-2에서 사람으로 나타
나 말씀하셨으며, 창22:1-2에서 아브라함을 부르셔서 말씀하셨습
니다. 그리고 아브라함은 하나님께서 하신 말씀에 순종하였습니다.
하나님이 나타나 하신 말씀을 아브라함이 순종함으로 그의 믿음이
자랐습니다.

창12:1   "여호와께서 아브람에게 이르시되 너는 너의 고향과 친척
           과 아버지의 집을 떠나 내가 네게 보여 줄 땅으로 가라"

창15:1   "이 후에 여호와의 말씀이 환상 중에 아브람에게 임하여
           이르시되 아브람아 두려워하지 말라 나는 네 방패요 너의
           지극히 큰 상급이니라"

창17:1   "아브람이 구십구 세 때에 여호와께서 아브람에게 나타나
           서 그에게 이르시되 나는 전능한 하나님이라 너는 내 앞

에서 행하여 완전하라"

창18:1-2 "여호와께서 마므레의 상수리나무들이 있는 곳에서 아브라함에게 나타나시니라 날이 뜨거울 때에 그가 장막 문에 앉아 있다가 눈을 들어 본즉 사람 셋이 맞은편에 서 있는지라 그가 그들을 보자 곧 장막 문에서 달려나가 영접하며 몸을 땅에 굽혀"

창22:1-2 "그 일 후에 하나님이 아브라함을 시험하시려고 그를 부르시되 아브라함아 하시니 그가 이르되 내가 여기 있나이다 여호와께서 이르시되 네 아들 네 사랑하는 독자 이삭을 데리고 모리아 땅으로 가서 내가 네게 일러준 한 산 거기서 그를 번제로 드리라"

우리도 하나님의 말씀을 듣고 지키므로 믿음이 자랍니다. 그러므로 우리는 하나님의 말씀을 순종해야 합니다. 우리가 하나님의 말씀을 듣고 순종하면 믿음이 온전한 믿음으로 자랍니다. 믿음은 순종입니다. 믿음의 4요소는 알고, 영접하고, 의뢰하고 순종하는 것입니다. 믿음은 그리스도의 말씀을 들음에서 납니다(롬10:17). 그리고 복음에는 하나님의 의가 나타나서 믿음으로 믿음에 이르게 합니다(롬1:17). 우리는 갓난 아기들 같이 말씀을 사모하여 구원에 이르도록 자라야 합니다(벧전2:2)

롬10:17 "그러므로 믿음은 들음에서 나며 들음은 그리스도의 말씀으로 말미암았느니라"

롬1:17 "복음에는 하나님의 의가 나타나서 믿음으로 믿음에 이르게하나니 기록된 바 오직 의인은 믿음으로 말미암아 살리라 함과 같으니라"

벧전2:2   "갓난 아기들 같이 순전하고 신령한 젖을 사모하라 이는
그로 말미암아 너희로 구원에 이르도록 자라게 하려 함이
라"

창12-22장은 아브라함의 믿음이 자란 단계를 말씀합니다. 아브
라함의 믿음이 자란 단계를 4단계로 나누어볼 수 있습니다.

1) 하나님의 부르심에 순종하는 믿음의 단계

창12-14장은 아브라함이 하나님의 부르심에 순종하는 단계입니
다. 이때 하나님은 아브라함에게 "너는 너의 고향과 친척과 아버
지의 집을 떠나 내가 네게 보여 줄 땅으로 가라"고 명하셨으며(창
12:1), "내가 너로 큰 민족을 이루고 네게 복을 주어 네 이름을 창
대하게 하리니 너는 복이 될지라"고 약속하셨습니다(창12:2). 이때
아브라함의 나이는 75-85세(10년)로 하나님의 부르심에 믿음으로
순종했지만 하나님께 의롭다 하심을 얻지는 못하였습니다. 이때 아
브라함은 그 종 엘리에셀을 상속자로 여겼습니다. 엘리에셀은 아브
라함의 아들이 아닌 그의 종입니다. 이때 아브라함은 세상 방법으
로도 행하였습니다. 아브라함은 하나님이 아들을 주지 아니하심을
원망하였습니다(창15:2-3). 그리고 아브라함은 두려워하였습니다.
그래서 하나님은 "아브람아 두려워하지 말라 나는 네 방패요 너의
지극히 큰 상급이니라"고 말씀하셨습니다(창15:1).

믿음으로 하나님의 부르심에 순종한 아브라함은 그의 방패시오

큰 상급이신 하나님 앞에서 두려워하지 아니하는 믿음으로 자라야 했습니다.

창12:1   "여호와께서 아브람에게 이르시되 너는 너의 고향과 친척과 아버지의 집을 떠나 내가 네게 보여 줄 땅으로 가라"

창12:2   "내가 너로 큰 민족을 이루고 네게 복을 주어 네 이름을 창대하게 하리니 너는 복이 될지라"

창15:2-3 "아브람이 이르되 주 여호와여 무엇을 내게 주시려 하나이까 나는 자식이 없사오니 나의 상속자는 이 다메섹 사람 엘리에셀이니이다 아브람이 또 이르되 주께서 내게 씨를 주지 아니하셨으니 내 집에서 길린 자가 내 상속자가 될 것이니이다"

창15:1   "이 후에 여호와의 말씀이 환상 중에 아브람에게 임하여 이르시되 아브람아 두려워하지 말라 나는 네 방패요 너의 지극히 큰 상급이니라"

2) 하나님께 의롭다 하심을 받은 믿음의 단계

창15-16장은 아브라함이 하나님께 의롭다 하심을 받은 단계입니다. 이때 하나님은 아브라함에게 "두려워하지 말라 나는 네 방패요 너의 지극히 큰 상급이니라"고 명하셨으며(창15:1), "그 사람(엘리에셀)이 네 상속자가 아니라 네 몸에서 날 자가 네 상속자가 되리라"고 약속하셨습니다(창15:4). 이때 아브라함의 나이는 85-99세로(14년) "네 몸에서 날 자가 네 상속자가 되리라"고 말씀하신 하나님을 믿음으로 의롭다 하심을 받았으나 육신으로 행하였으며 완전하지 못했습니다. 이때 아브라함은 그 아들 이스마엘을 상속자로 여겼습니다. 이때 아브라함은 이스마엘이나 하나님 앞에 살기를 원하였습니다(창17:18). 아브라함은 이스마엘로 만족하며 살았습니다. 이스마엘은 아브라함의 아들이었으나 여종인 애굽 사람 하갈이 육체의 힘으로 낳은 아들입니다. 그래서 하나님은 아브라함에게 "나는 전능한 하나님이라 너는 내 앞에서 행하여 완전하라"고 말씀하셨습니다(창17:1).

믿음으로 하나님께 의롭다 여기심을 받은 아브라함은 전능하신 하나님 앞에서 행하여 완전해지는 믿음으로 자라야 했습니다.

창15:1	"이 후에 여호와의 말씀이 환상 중에 아브람에게 임하여 이르시되 아브람아 두려워하지 말라 나는 네 방패요 너의 지극히 큰 상급이니라"
창15:4	"여호와의 말씀이 그에게 임하여 이르시되 그 사람이 네 상속자가 아니라 네 몸에서 날 자가 네 상속자가 되리라 하시고"
창17:18	"아브라함이 이에 하나님께 아뢰되 이스마엘이나 하나님 앞에 살기를 원하나이다"
창17:1	"아브람이 구십구 세 때에 여호와께서 아브람에게 나타나서 그에게 이르시되 나는 전능한 하나님이라 너는 내 앞에서 행하여 완전하라"

3) 하나님의 언약을 온전히 믿는 믿음의 단계

창17-21:17은 아브라함이 하나님의 약속을 온전히 믿음으로 행하는 단계입니다. 이때 하나님은 아브라함에게 "나는 전능한 하나님이라 너는 내 앞에서 행하여 완전하라"고 명하시고(창17:1), "네 아내 사라가 네게 아들을 낳으리니 너는 그 이름을 이삭이라 하라 내가 그와 내 언약을 세우리니 그의 후손에게 영원한 언약이 되리라"고 약속하셨습니다(창17:19). 이때 아브라함의 나이는 99-100세로(1년) 하나님의 약속을 믿음으로 행하였습니다. 이때 아브라함은 그 아들 이삭을 상속자로 여겼습니다. 이삭은 아브라함의 아들이면서 그 아내 사라가 하나님의 약속으로 낳은 아들입니다. 이삭이 하나님 앞에서 아브라함의 참 아들입니다. 그래서 하나님은 아브라함을 시험하시려고 "네 아들 네 사랑하는 독자 이삭을 데리고 모리아 땅으로 가서 내가 네게 일러준 한 산 거기서 그를 번제로 드리라"고 명하셨습니다(창22:1-2).

믿음으로 언약을 온전히 믿은 아브라함은 온전히 순종하는 믿음으로 자라야 했습니다.

창17:1   "아브람이 구십구 세 때에 여호와께서 아브람에게 나타나서 그에게 이르시되 나는 전능한 하나님이라 너는 내 앞에서 행하여 완전하라"

창17:19   "하나님이 이르시되 아니라 내 아내 사라가 네게 아들을 낳으리니 너는 그 이름을 이삭이라 하라 내가 그와 내 언약을 세우리니 그의 후손에게 영원한 언약이 되리라"

창22:1-2   "그 일 후에 하나님이 아브라함을 시험하시려고 그를 부르시되 아브라함아 하시니 그가 이르되 내가 여기 있나이다 여호와께서 이르시되 네 아들 네 사랑하는 독자 이삭을 데리고 모리아 땅으로 가서 내가 네게 일러준 한 산 거기서 그를 번제로 드리라"

4) 하나님께 온전히 순종하는(드리는) 믿음의 단계

창21:18-22장은 아브라함이 하나님께 온전히 순종하는 단계입니다. 이때 하나님은 아브라함에게 "네 아들 네 사랑하는 독자 이삭을 데리고 모리아 땅으로 가서 내가 네게 일러준 한 산 거기서 그를 번제로 드리라" 명하시고(창22:2), "네 씨로 말미암아 천하 만민이 복을 받으리니 이는 네가 나의 말을 준행하였음이라"고 약속하셨습니다(창22:18). 이때 아브라함의 나이는 100세 이후로 "네 아들 네 사랑하는 독자 이삭을 번제로 드리라"는 하나님의 명령에 온전히 순종하여 행하였습니다. 이때 아브라함은 하나님을 경외하므로 그 아들 그 독자까지도 아끼지 아니하였습니다. 이는 온전한 믿음의 단계입니다. 그래서 하나님은 아브라함에게 "내가 네게 큰 복을 주고 네 씨가 크게 번성하여 하늘의 별과 같고 바닷가의 모래와 같게 하리니 네 씨가 그 대적의 성문을 차지하리라 또 네 씨로 말미암아 천하 만민이 복을 받으리니 이는 네가 나의 말을 준행하였음이니라"고 약속하셨습니다(창22:17-18).

창22:1-2   "여호와께서 이르시되 네 아들 네 사랑하는 독자 이삭을 데리고 모리아 땅으로 가서 내가 네게 일러준 한 산 거기서 그를 번제로 드리라"

창22:17-18   "내가 네게 큰 복을 주고 네 씨가 크게 번성하여 하늘의 별과 같고 바닷가의 모래와 같게 하리니 네 씨가 그 대적의 성문을 차지하리라 또 네 씨로 말미암아 천하 만민이 복을 받으리니 이는 네가 나의 말을 준행하였음이니라 하셨다 하니라"

우리의 믿음은 창12-22장중에 어느 단계에 있습니까? 온전한 믿음은 하나님의 부르심에 순종하여, 하나님께 의롭다 하심을 얻고, 하나님의 약속을 온전히 믿으므로 행하며, 하나님의 명령에 온전히 순종하는 믿음입니다. 우리의 믿음도 하나님 아버지께 온전히 순종하는 믿음으로 자라야 합니다. 하나님은 미리 정하신 우리를 또한 부르시고 부르신 우리를 또한 의롭다 하시고 의롭다 하신 우리를 또한 영화롭게 하셨습니다(롬8:30).

롬8:30   "또 미리 정하신 그들을 또한 부르시고 부르신 그들을 또한 의롭다 하시고 의롭다 하신 그들을 또한 영화롭게 하셨느니라"

하나님의 부르심에
순종하는 믿음

창12-14장에서의 아브라함의 믿음은 하나님의 부르심에 순종하였으나 그 종 엘리에셀을 상속자로 여긴 믿음입니다. 창12-14장의 기간은 약10년입니다(아브라함의 나이 75-85세). 아브라함이 믿음으로 하나님의 말씀을 좇아 가나안 땅에 들어간 후 10년 동안 그에게 자식이 없었습니다. 그래서 아브라함은 그 종 엘리에셀을 상속자로 여겼습니다. 그런데 엘리에셀을 상속자로 여긴 것은 하나님의 약속이 아닌 세상 방법입니다. 이는 세상 방법으로는 정당합니다. 그러나 세상 방법으로는 정당할지라도 온전한 믿음은 아닙니다. 이 기간에 아브라함은 믿음이 있었으나 세상 방법도 사용하였습니다. 그러므로 아브라함의 믿음은 더 자라야 했습니다.

이 때 아브라함은 두려워하였습니다. 아브라함은 기근이 심함으로 애굽에 내려갔습니다. 그는 애굽에 이르렀을 때에 그 아내가 아리따운 여인임으로 애굽 사람이 자기를 죽이고 그 아내를 빼앗아 갈까 두려워 그의 누이라 하였습니다. 애굽 왕은 사라를 궁으로 끌어들였으며 많은 재물을 아브라함에게 주었습니다. 그 때 하나님께서 애굽 왕과 그 집에 큰 재앙을 내리셨습니다. 이에 애굽 왕이 사라를 아브라함에게 돌려주고 아브라함과 함께 그의 아내와 그의 모든 소유를 보내었습니다.

이 때 아브라함은 재물의 욕심에서 벗어났습니다. 애굽에서 가나안 땅으로 돌아온 아브라함은 소유가 많아 롯과 동거할 수 없을 때 양보하였습니다. 그리고 아브라함이 그돌라오멜 왕에게 노략당한 롯과 그의 재물과 소돔사람들과 그 재물을 다 찾아왔습니다. 그리고 아브라함은 제사장 멜게세덱에게 축복을 받고 그에게 십분의 일을 드렸습니다. 또 아브라함은 소돔 왕이 가지라고 하는 재물을 실오라기 하나 가지지 아니했습니다.

또한 이 때 아브라함은 이웃과 좋은 관계를 가졌습니다. 아브라함은 자기가 거주한 곳에 살던 형제들인 마므레, 에스골, 아넬과 동맹하였습니다. 그리고 아브라함이 소돔을 침략했던 그돌라오멜 왕을 쫓아가 싸울 때 그들이 함께 갔으며 아브라함은 그들의 분깃을 가지게 했습니다.

우리도 믿음으로 하나님의 부르심에 순종하지만 세상 방법으로도 살고 또 두려워할 수 있으며 재물의 욕심에서 벗어나고 예수님에게 복을 받으며 이웃과 좋은 관계 속에 살아갈 수도 있습니다. 그러나 세상 방법으로 살고 두려워하는 것은 온전한 믿음은 아닙니다.

1. 아브라함을 부르신 하나님

아브라함은 갈대아 지방 우르에서 그 아버지 데라와 동생 나홀과 하란과 함께 살았습니다. 하란은 롯을 낳고 그 아비 데라보다 먼저 갈대아 우르에서 죽었습니다. 아브라함과 나홀도 장가 들었는데 아브라함의 아내의 이름은 사래며 나홀의 아내 이름은 밀가였습니다. 그런데 사래는 잉태하지 못하므로 자식이 없었습니다(창11:27-30).

> 창11:27-30 "데라의 족보는 이러하니라 데라는 아브람과 나홀과 하란
> 을 낳고 하란은 롯을 낳았으며 하란은 그 아비 데라보다
> 먼저 고향 갈대아인의 우르에서 죽었더라 아브람과 나홀
> 이 장가들었으니 아브람의 아내의 이름은 사래며 나홀의
> 아내의 이름은 밀가니 하란의 딸이요 하란은 밀가의 아버
> 지이며 또 이스가의 아버지더라 사래는 임신하지 못하므
> 로 자식이 없었더라"

아브라함의 아버지 데라는 갈대아 우르에서 이방신을 섬겼습니다. 그러던 어느 날 하나님께서 갈대아 우르에서 살고 있는 아브라함을 택하시고 인도하여내셨습니다(느9:7). 데라가 그 가족을 데리고 갈대아 우르에서 떠나 가나안 땅으로 가고자 하여 하란에 이르러 거기에서 거하였습니다. 그리고 데라는 하란에서 죽었습니다(창11:31-32). 이에 하나님께서 하란에서 살고 있는 아브라함에게 이르시되 "너는 너의 고향과 친척과 아버지의 집을 떠나 내가 네게 보여 줄 땅으로 가라"고 명하셨습니다(창12:1).

> 느9:7   "주는 하나님 여호와시라. 옛적에 아브람을 택하시고 갈
> 대아 우르에서 인도하여 내시고 아브라함이라는 이름을
> 주시고"

> 창11:31-32 "데라가 그 아들 아브람과 하란의 아들인 그의 손자 롯과
> 그의 며느리 아브람의 아내 사래를 데리고 갈대아인의 우
> 르를 떠나 가나안 땅으로 가고자 하더니 하란에 이르러

창12:1   "여호와께서 아브람에게 이르시되 너는 너의 고향과 친척
과 아버지의 집을 떠나 내가 네게 보여 줄 땅으로 가라"

하나님께서 우리를 택하시고 부르셨습니다. 하나님께서 창세전
에 그리스도 안에서 우리를 택하셨습니다(엡1:4). 또한 하나님은
복음으로 우리를 부르셨습니다(살후2:14). 우리는 하나님의 부르심
과 택하심을 굳게 해야 합니다(벧후1:10). 또한 우리는 부르심의 소
망이 무엇임을 알아야 합니다(엡1:18). 하나님은 우리를 불러 하나
님 나라와 영광에 이르게 하시고(살전2:11-12), 그리스도와 교제하
게 하시고(고전1:9), 예수 그리스도의 영광을 얻게 하십니다(살후
2:14).

엡1:4   "곧 창세 전에 그리스도 안에서 우리를 택하사 우리로 사
랑 안에서 그 앞에 거룩하고 흠이 없게 하시려고"

살후2:14 "이를 위하여 우리의 복음으로 너희를 부르사 우리 주 예
수 그리스도의 영광을 얻게 하려 하심이니라"

벧후1:10 "그러므로 형제들아 더욱 힘써 너희 부르심과 택하심을 굳
게 하라 너희가 이것을 행한즉 언제든지 실족하지 아니하
리라"

엡1:18   "너희 마음의 눈을 밝히사 그의 부르심의 소망이 무엇이며
성도 안에서 그 기업의 영광의 풍성함이 무엇이며"

살전2:11-12 "너희도 아는 바와 같이 우리가 너희 각 사람에게 아버지
가 자기 자녀에게 하듯 권면하고 위로하고 경계하노니 이

는 너희를 부르사 자기 나라와 영광에 이르게 하시는 하
나님께 합당히 행하게 하려 하심이라."

고전1:9　　"너희를 불러 그의 아들 예수 그리스도 우리 주와 더불어
교제하게 하시는 하나님은 미쁘시도다.

살후2:13-14 "주께서 사랑하시는 형제들아 우리가 항상 너희에 관하여
마땅히 하나님께 감사할 것은 하나님이 처음부터 너희를
택하사 성령의 거룩하게 하심과 진리를 믿음으로 구원을
받게 하심이니 이를 위하여 우리의 복음으로 너희를 부르
사 우리 주 예수 그리스도의 영광을 얻게 하려 하심이니
라."

2. 아브라함과 언약을 세우신 하나님

　하나님은 아브라함에게 "내가 너로 큰 민족을 이루고 네게 복을
주어 네 이름을 창대하게 하리니 너는 복(복의 근원)이 될지라"고
언약을 세우셨습니다(창12:2-3). 또한 하나님은 가나안 땅에 들어
간 아브라함에게 "내가 이 땅을 네 자손에게 주리라"고 언약하셨습
니다(창12:7).

창12:2-3　　"내가 너로 큰 민족을 이루고 네게 복을 주어 네 이름을
창대하게 하리니 너는 복이 될지라 너를 축복하는 자에게
는 내가 복을 내리고 너를 저주하는 자에게는 내가 저주
하리니 땅의 모든 족속이 너로 말미암아 복을 얻을 것이
라 하신지라"

창12:7　　"여호와께서 아브람에게 나타나 이르시되 내가 이 땅을 네
자손에게 주리라 하신지라 자기에게 나타나신 여호와께

그가 그 곳에서 제단을 쌓고"

하나님은 아브라함의 마음이 충성됨을 보시고 그와 언약을 세우셨습니다(느9:8). 하나님께서 아브라함에게 약속하신 것은 큰 민족(자손)과 가나안 땅이었습니다. 그런데 하나님께서 아브라함에게 약속하신 자손은 예수 그리스도이십니다(갈3:16). 그리고 하나님께서 약속하신 가나안 땅은 천국입니다(히11:10, 11:16). 이 사실을 아는 것이 온전한 믿음이 되는 것입니다. 아브라함도 온전한 믿음으로 자랐을 때 이 사실을 알았습니다.

느9:8　　　"그의 마음이 주 앞에서 충성됨을 보시고 그와 더불어 언약을 세우사 가나안 족속과 헷 족속과 아모리 족속과 브리스족속과 여부스 족속과 기르가스 족속의 땅을 그의 씨에게 주리라 하시더니 그 말씀대로 이루셨사오매 주는 의로우심이로소이다"

갈3:16　　　"이 약속들은 아브라함과 그 자손에게 말씀하신 것인데 여럿을 가리켜 그 자손들이라 하지 아니하시고 오직 한 사람을 가리켜 네 자손이라 하셨으니 곧 그리스도라"

히11:10　　　"그들이 이제는 더 나은 본향을 사모하니 곧 하늘에 있는 것이라 이러므로 하나님이 그들의 하나님이라 일컬음 받으심을 부끄러워 아니하시고 그들을 위하여 한 성을 예비하셨느니라"

우리를 택하시고 부르신 하나님이 우리에게 약속하셨습니다.
하나님은 우리에게 영원한 생명(영생)을 약속하셨습니다(요일

2:25).그리고 하나님은 우리가 하나님의 자녀가 되리라고 약속하셨습니다(고후6:18). 또한 하나님은 예수 그리스도를 약속하셨고(갈3:19), 성령을 약속하셨고(눅24:49), 예수님의 재림을 약속하셨고(계22:12, 벧후3:4), 세상 심판을 약속하셨고(히12:26), 천국을 약속하셨고(약2:5), 생명의 면류관을 약속하셨습니다(약1:12).

요일2:25	"그가 우리에게 약속하신 것은 이것이니 곧 영원한 생명이니라"
고후6:18	"너희에게 아버지가 되고 너희는 내게 자녀가 되리라 전능하신 주의 말씀이니라 하셨느니라"
갈3:19	"그런즉 율법이 무엇이냐 범법하므로 더하여진 것이라 천사들을 통하여 한 중보자의 손으로 베푸신 것인데 약속하신 자손이 오시기까지 있을 것이라"
눅24:49	"볼지어다 내가 내 아버지께서 약속하신 것을 너희에게 보내리니 너희는 위로부터 능력으로 입혀질 때까지 이 성에 머물라 하시니라"
계22:12	"보라 내가 속히 오리니 내가 줄 상이 내게 있어 각 사람에게 그가 행한 대로 갚아 주리라"
벧후3:4	"이르되 주께서 강림하신다는 약속이 어디 있느냐 조상들이 잔 후로부터 만물이 처음 창조될 때와 같이 그냥 있다 하니"
히12:26	"그 때에는 그 소리가 땅을 진동하였거니와 이제는 약속하여 이르시되 내가 또 한 번 땅만 아니라 하늘도 진동하리라 하셨느니라"
약2:5	"내 사랑하는 형제들아 들을지어다 하나님이 세상에서 가

난한 자를 택하사 믿음에 부요하게 하시고 또 자기를 사랑하는 자들에게 약속하신 나라를 상속으로 받게 하지 아니하셨느냐"

약1:12   "시험을 참는 자는 복이 있나니 이는 시련을 견디어 낸 자가 주께서 자기를 사랑하는 자들에게 약속하신 생명의 면류관을 얻을 것이기 때문이라"

약속하신 하나님은 미쁘십니다(히10:23). 그리고 하나님의 약속은 얼마든지 그리스도 안에서 예가 됩니다(고후1:20). 그런데 우리가 하나님의 뜻을 행한 후에 하나님이 약속하신 것을 받기 위하여서는 인내가 필요합니다(히10:36). 그리고 하나님의 약속을 가진 우리는 하나님을 두려워하는 가운데서 거룩함을 온전히 이루어 육과 영의 온갖 더러운 것에서 자신을 깨끗하게 해야 합니다(고후 7:1).

히10:23   "또 약속하신 이는 미쁘시니 우리가 믿는 도리의 소망을 움직이지 말며 굳게 잡고"

고후1:20   "하나님의 약속은 얼마든지 그리스도 안에서 예가 되니 그런즉 그로 말미암아 우리가 아멘 하여 하나님께 영광을 돌리게 되느니라"

히10:36   "너희에게 인내가 필요함은 너희가 하나님의 뜻을 행한 후에 약속하신 것을 받기 위함이라"

고후7:1   "그런즉 사랑하는 자들아 이 약속을 가진 우리는 하나님을 두려워하는 가운데서 거룩함을 온전히 이루어 육과 영의 온갖 더러운 것에서 자신을 깨끗하게 하자"

3. 하나님의 말씀을 좇아 가나안 땅으로 들어간 아브라함

아브라함은 하란에서 잘 살고 있었습니다. 그런데 아브라함은 75세에 하나님의 말씀을 좇아 그 아내 사래와 조카 롯과 하란에서 모은 모든 소유와 얻은 사람들을 이끌고 가나안 땅으로 가려고 하란을 떠나서 마침내 가나안 땅에 들어갔습니다(창12:4-5). 그리고 아브라함이 그 땅을 지나 세겜 땅 모레 상수리나무에 이르렀는데 그때에 가나안 사람이 그 땅에 거주하였습니다(창12:6). 아브람이 세겜 땅에 거주할 때에 하나님께서 아브라함에게 나타나 "내가 이 땅을 네 자손에게 주리라"고 약속하셨습니다. 이에 아브라함이 자기에게 나타나신 하나님을 위하여 그곳에 제단을 쌓았습니다. 그리고 아브라함이 거기서 벧엘 동쪽 산으로 옮겨 그 곳에서 제단을 쌓고 여호와의 이름을 불렀으며 점점 남방으로 옮겨 갔습니다(창12:7-9).

창12:4-5 "이에 아브라함이 여호와의 말씀을 따라갔고 롯도 그와 함께 갔으며 아브라함이 하란을 떠날 때에 칠십오 세였더라 아브라함이 그의 아내 사래와 조카 롯과 하란에서 모은 모든 소유와 얻은 사람들을 이끌고 가나안 땅으로 가려고 떠나서 마침내 가나안 땅에 들어갔더라"

창12:6 "아브라함이 그 땅을 지나 세겜 땅 모레 상수리나무에 이르니 그 때에 가나안 사람이 그 땅에 거주하였더라"

창12:7-9 "여호와께서 아브라함에게 나타나 이르시되 내가 이 땅을 네 자손에게 주리라 하신지라 자기에게 나타나신 여호와께 그가 그 곳에서 제단을 쌓고 거기서 벧엘 동쪽 산으로 옮겨 장막을 치니 서쪽은 벧엘이요 동쪽은 아이라 그가 그곳에서 여호와께 제단을 쌓고 여호와의 이름을 부르더니 점점 남방으로 옮겨갔더라"

아브라함이 부르심을 받았을 때에 믿음으로 순종하여 갈 바를 알지 못했으나 장래 기업으로 받을 땅에 나갔습니다(히11:8). 그러나 아브라함이 들어간 가나안 땅은 이미 가나안 사람들이 거하고 있었습니다. 그래서 가나안 땅에는 아브라함이 발붙일 만한 땅이 없었습니다(행7:2-5). 하나님은 가나안 땅에서 아브라함에게 발붙일 만한 땅도 유업으로 주지 아니하시고 다만 가나안 땅을 아직 자식도 없는 저와 저의 씨에게 소유로 주신다고 약속하셨습니다. 하나님은 아브라함에게 씨와 땅도 주지 아니하시고 주신다는 약속을 믿게 하셨습니다. 하나님은 주시고 믿게 하신 것이 아니라 믿게 하시고 주십니다. 또한 하나님이 아브라함에게 씨와 땅도 주지 아니하시고 약속하신 것은 예수님과 천국을 믿게 하시고 주시기 위함입니다.

히11:8 　"믿음으로 아브라함은 부르심을 받았을 때에 순종하여 장래의 유업으로 받을 땅에 나아갈새 갈 바를 알지 못하고 나아갔으며"

행7:2-5 　"스데반이 이르되 여러분 부형들이여 들으소서 우리 조상 아브라함이 하란에 있기 전 메소보다미아에 있을 때에 영광의 하나님이 그에게 보여 이르시되 네 고향과 친척을 떠나 내가 네게 보일 땅으로 가라 하시니 아브라함이 갈대아 사람의 땅을 떠나 하란에 거하다가 그의 아버지가 죽으매 하나님이 그를 거기서 너희 지금 사는 이 땅으로

옮기셨느니라 그러나 여기서 발 붙일 만한 땅도 유업으로
주지 아니하시고 다만 이 땅을 아직 자식도 없는 그와 그
의 후손에게 주신다고 약속하셨으며"

우리가 하나님의 부르심에 순종하는 것은 하나님께로 돌아온 것
입니다. 하나님은 악인은 그의 길을, 불의한 자는 그의 생각을 버리
고 여호와께로 돌아오라고 명하셨습니다(사55:7). 하나님은 마음을
다하여, 마음을 찢고(참으로 회개하고) 하나님께로 돌아오라고 명
하셨습니다(욜2:12-13). 그러나 남은 자만 하나님께로 돌아올 것입
니다(사10:21-22). 하나님은 우리를 구속하시고 하나님께로 돌아
오라고 명하셨습니다(사44:22). 그러므로 우리는 하나님께로 돌아
와서 인애와 정의를 지키며 항상 우리 하나님을 바라야 합니다(호
12:6).

사55:7   "악인은 그의 길을, 불의한 자는 그의 생각을 버리고 여호
           와께로 돌아오라 그리하면 그가 긍휼히 여기시리라 우리
           하나님께로 돌아오라 그가 너그럽게 용서하시리라"

욜2:12-13 "여호와의 말씀에 너희는 이제라도 금식하고 울며 애통하
           고 마음을 다하여 내게로 돌아오라 하셨나니 너희는 옷을
           찢지 말고 마음을 찢고 너희 하나님 여호와께로 돌아올지
           어다 그는 은혜로우시며 자비로우시며 노하기를 더디하
           시며 인애가 크시사 뜻을 돌이켜 재앙을 내리지 아니하시
           나니"

사10:21-22 "남은 자 곧 야곱의 남은 자가 능하신 하나님께로 돌아올
           것이라 이스라엘이여 네 백성이 바다의 모래 같을지라도
           남은 자만 돌아오리니 넘치는 공의로 파멸이 작정되었음

이라"

사44:22 　"내가 네 허물을 빽빽한 구름 같이, 네 죄를 안개 같이 없
　　　　이 하였으니 너는 내게로 돌아오라 내가 너를 구속하였음
　　　　이니라"

호12:6 　"그런즉 너의 하나님께로 돌아와서 인애와 정의를 지키며
　　　　항상 너의 하나님을 바랄지니라"

우리는 하나님께로 돌아왔습니다. 우리는 마음의 눈을 떠서 어둠
에서 빛으로, 사탄의 권세에서 하나님께로 돌아왔습니다(행26:18).
우리가 전에는 양과 같이 길을 잃었었는데 이제는 우리 영혼의 목
자와 감독 되신 예수님께로 돌아왔습니다(벧전2:25).

행26:18 　"그 눈을 뜨게 하여 어둠에서 빛으로, 사탄의 권세에서 하
　　　　나님께로 돌아오게 하고 죄 사함과 나를 믿어 거룩하게
　　　　된 무리 가운데서 기업을 얻게 하리라 하더이다"

벧전2:25 　"너희가 전에는 양과 같이 길을 잃었더니 이제는 너희 영
　　　　혼의 목자와 감독 되신 이에게 돌아왔느니라"

하나님께로 돌아온 우리는 하나님께 예배드립니다. 하나님의 말
씀을 좇아 가나안 땅에 들어간 아브라함은 하나님께 제사를 드렸
습니다. 하나님의 부르심에 순종하여 하나님께 돌아온 우리도 하나
님께 예배드립니다. 예수님은 "아버지께 예배할 때가 이르리라"고
말씀하셨으며(요4:21), "아버지께 참되게 예배하는 자들은 영과 진
리로 예배할 때가 오나니 곧 이때라 아버지께서는 자기에게 이렇

게 예배하는 자들을 찾으시느니라"(요4:23)고 말씀하셨습니다. 우리는 하나님 아버지께 영과 진리로 참되게 예배드려야 합니다(요4:24). 그리고 우리는 영적 예배 곧 우리 몸을 하나님이 기뻐하시는 거룩한 산 제물로 드려야 합니다(롬12:1). 또 우리는 하나님이 기쁘게 받으실 신령한 제사를 드릴 거룩한 제사장이 되어야 합니다(벧전2:5).

아버지께 예배할 때가 이르리라는 말씀은 예배는 장소보다 그 대상이 중요함을 말씀합니다. 예배는 하나님 아버지께 드려야 합니다. 그리고 영과 진리로 예배드림은 예배드릴 때 성령님의 역사와 말씀의 역사가 있어야 함을 말씀합니다.

요4:21   "예수께서 이르시되 여자여 내 말을 믿으라 이 산에서도 말고 예루살렘에서도 말고 너희가 아버지께 예배할 때가 이르리라"

요4:23   "아버지께 참되게 예배하는 자들은 영과 진리로 예배할 때 가오나니 곧 이 때라 아버지께서는 자기에게 이렇게 예배하는 자들을 찾으시느니라"

요4:24   "하나님은 영이시니 예배하는 자가 영과 진리로 예배할지니라"

롬12:1   "그러므로 형제들아 내가 하나님의 모든 자비하심으로 너희를 권하노니 너희 몸을 하나님이 기뻐하시는 거룩한 산 제물로 드리라 이는 너희가 드릴 영적 예배니라"

벧전2:5   "너희도 산 돌 같이 신령한 집으로 세워지고 예수 그리스도로 말미암아 하나님이 기쁘게 받으실 신령한 제사를 드릴 거룩한 제사장이 될지니라"

우리는 우리 하나님이 거룩하시기에 그 성산에서 예배해야 합니다(시99:9). 우리는 하나님의 발등상 앞에서 엎드려(겸손하게 복종하여) 예배해야 합니다(시132:7). 우리는 거룩한 옷(행실)을 입고 하나님께 예배해야 합니다(시29:2). 우리는 아름답고 거룩한 것으로 하나님께 예배해야 합니다(시96:9).

> 시99:9 "너희는 여호와 우리 하나님을 높이고 그 성산에서 예배할지어다 여호와 우리 하나님은 거룩하심이로다"
>
> 시132:7 "우리가 그의 계신 곳으로 들어가서 그의 발등상 앞에서 엎드려 예배하리로다"
>
> 시29:2 "여호와께 그의 이름에 합당한 영광을 돌리며 거룩한 옷을 입고 여호와께 예배할지어다"
>
> 시96:9 "아름답고 거룩한 것으로 여호와께 예배할지어다 온 땅이여 그 앞에서 떨지어다"

4. 기근으로 인하여 애굽으로 내려간 아브라함

아브라함이 살던 가나안 땅에 기근이 심하므로 아브라함이 기근이 두려워 애굽으로 내려갔습니다. 그리고 애굽에 내려간 아브라함은 애굽 사람을 두려워하므로 죽음이 두려워 그 아내 사라를 누이라 하였습니다. 애굽 왕이 사라가 심히 아리따운 여인이라 그를 아내로 삼았습니다. 이에 하나님이 사라의 일로 애굽 왕과 그 집에 큰 재앙을 내리셨습니다. 그래서 애굽 왕이 아브라함을 불러 사라를 누이라 함을 책망하고 사라를 데려가라 하고 아브라함과 그의 아내와 그의 모든 소유를 애굽에서 내보냈습니다.

1) 가나안 땅에 기근이 들었습니다

가나안 땅에 기근이 심하므로 아브람이 애굽에 거류하려고 그리로 내려갔습니다(창12:10). 아브라함 때에 첫 흉년이 들었습니다 (창26:1). 첫 흉년이기에 아브라함은 더 두려웠을 것입니다. 그래서 아브라함은 가나안 땅에서 발붙일 만큼도 땅이 없는데다 그 땅에 기근이 심하므로 두려워하여 애굽으로 내려갔습니다. 아브라함이 기근이 두려워서 애굽으로 내려간 것은 온전한 믿음은 아닙니다.

> 창12:10　　"그 땅에 기근이 들었으므로 아브람이 애굽에 거류하려고 그리로 내려갔으니 이는 그 땅에 기근이 심하였음이라"
>
> 창26:1　　"아브라함 때에 첫 흉년이 들었더니 그 땅에 또 흉년이 들매 이삭이 그랄로 가서 블레셋 왕 아비멜렉에게 이르렀더니"

기근은 하나님께서 내리시는 벌입니다. 하나님이 내리시는 3대 재앙은 칼(전쟁)과 기근과 전염병입니다(렘24:10). 하나님께서 내리시는 네 가지 중한 벌은 칼(전쟁)과 기근과 사나운 짐승(독재자)과 전염병입니다(겔14:21). 또 종말의 징조로 곳곳에 기근과 지진이 있을 것입니다(마24:7). 그리고 하나님께서 기근을 내리시는 것은 의지하고 있는 양식을 다 끊으신 것입니다(시105:16). 그러나 온전한 자는 기근의 날에도 풍족할 것입니다(시37:19). 그리고 기근도 우리를 그리스도의 사랑에서 끊을 수 없습니다(롬8:35).

렘24:10	"내가 칼과 기근과 전염병을 그들 가운데 보내 그들이 내가 준 땅에서 멸절하기까지 이르게 하리라 하시니라"
겔14:21	"주 여호와께서 이같이 이르시되 내가 나의 네 가지 중한 벌 곧 칼과 기근과 사나운 짐승과 전염병을 예루살렘에 함께 내려 사람과 짐승을 그 중에서 끊으리니 그 해가 더욱 심하지 않겠느냐"
마24:7	"민족이 민족을, 나라가 나라를 대적하여 일어나겠고 곳곳에 기근과 지진이 있으리니"
시105:16	"그가 또 그 땅에 기근이 들게 하사 그들이 의지하고 있는 양식을 다 끊으셨도다"
시37:19	"그들은 환난 때에 부끄러움을 당하지 아니하며 기근의 날에도 풍족할 것이나"
롬8:35	"누가 우리를 그리스도의 사랑에서 끊으리요 환난이나 기근이나 적신이나 위험이나 칼이랴"

2) 아브라함은 애굽 사람을 두려워하였습니다.

아브라함이 기근이 두려워 애굽으로 내려가는데 또 다른 두려움이 있었습니다. 아브라함은 그 아내 사라가 아리따운 여인이므로 애굽 사람이 자기를 죽이고 그 아내 사라를 빼앗아 갈까 두려워하여 누이라 하게 하였습니다(창12:11-13). 아브라함은 애굽 사람을 두려워하므로 죽음이 두려워 자기 아내 사라를 그의 누이라 하였습니다. 사라는 정말로 그의 이복 누이로서 그의 아내가 되었습니다(창20:12). 이는 세상 방법으로는 정당할 수 있고 거짓말도 아닙니다. 그러나 이는 온전한 믿음은 아닙니다. 두려움이 있는 만큼 온전한 믿음은 아닙니다. 두려움을 버려야 믿음이 자랍니다. 아브라함의 죽음에 대한 두려움은 창20장에서도 계속되었습니다(창20:11-12). 그리고 그의 아들 이삭에게도 이 두려움이 있었습니다(창26:9). 그러나 그들의 두려움은 그들의 생각이었습니다.

창12:11-13 "그가 애굽에 가까이 이르렀을 때에 그의 아내 사래에게 말하되 내가 알기에 그대는 아리따운 여인이라 애굽 사람이 그대를 볼 때에 이르기를 이는 그의 아내라 하여 나는 죽이고 그대는 살리리니 원하건대 그대는 나의 누이라 하라 그러면 내가 그대로 말미암아 안전하고 내 목숨이 그대로 말미암아 보존되리라 하니라"

창20:12 "또 그는 정말로 나의 이복 누이로서 내 아내가 되었음이니라"

창20:11-12 "아브라함이 이르되 이 곳에서는 하나님을 두려워함이 없으니 내 아내로 말미암아 사람들이 나를 죽일까 생각하였음이요 또 그는 정말로 나의 이복 누이로서 내 아내가 되었음이니라"

창26:9 "이에 아비멜렉이 이삭을 불러 이르되 그가 분명히 네 아내거늘 어찌 네 누이라 하였느냐 이삭이 그에게 대답하되 내 생각에 그로 말미암아 내가 죽게 될까 두려워하였음이로라"

우리는 예수님이 주시는 평안을 받고 마음에 근심하지도 말고 두려워하지도 말아야 합니다(요14:27). 우리는 불신자들이 두려워하는 것을 두려워하지 말며 근심하지 말아야 합니다(벧전3:14). 우리는 무슨 일에든지 대적하는 자들 때문에 두려워하지 아니해야 합니다(빌1:28). 우리는 몸은 죽여도 영혼은 능히 죽이지 못하는 자들을 두려워하지 말아야 합니다(마10:28), 우리는 종말에 난리와 난리 소문을 듣겠으나 삼가 두려워하지 말아야 합니다(마24:6). 우리는 주님께서 함께 계시기에 사망의 음침한 골짜기로 다닐지라도 해를 두려워하지 않아야 합니다(시23:4). 우리는 천만인이 나를 에워싸 진 친다 하여도 두려워하지 않아야 합니다(시3:6). 하나님이 우리에게 주신 마음은 두려워하는 마음이 아니요 능력과 사랑과 절제하는 마음입니다(딤후1:7).

어떤 두려움이 있습니까? 사탄, 세상, 사람, 병, 가난, 죽음이 두렵습니까? 우리는 오직 하나님만 두려워해야 합니다(마10:28). 그래야 온전한 믿음입니다. 우리는 은혜를 받아서 경건함과 두려움으로 하나님을 기쁘시게 섬겨야 합니다.(히12:28)

요14:27 "평안을 너희에게 끼치노니 곧 나의 평안을 너희에게 주노라 내가 너희에게 주는 것은 세상이 주는 것과 같지 아니하니라 너희는 마음에 근심하지도 말고 두려워하지도 말라"

벧전3:14 "그러나 의를 위하여 고난을 받으면 복 있는 자니 그들이 두려워하는 것을 두려워하지 말며 근심하지 말고"

빌1:28 "무슨 일에든지 대적하는 자들 때문에 두려워하지 아니하는 이 일을 듣고자 함이라 이것이 그들에게는 멸망의 증거요 너희에게는 구원의 증거니 이는 하나님께로부터 난 것이라"

마10:28 "몸은 죽여도 영혼은 능히 죽이지 못하는 자들을 두려워하
지 말고 오직 몸과 영혼을 능히 지옥에 멸하실 수 있는 이
를 두려워하라"

마24:6 "난리와 난리 소문을 듣겠으나 너희는 삼가 두려워하지 말
라 이런 일이 있어야 하되 아직 끝은 아니니라"

시23:4 "내가 사망의 음침한 골짜기로 다닐지라도 해를 두려워하
지 않을 것은 주께서 나와 함께 하심이라 주의 지팡이와
막대기가 나를 안위하시나이다"

시3:6 "천만인이 나를 에워싸 진 친다 하여도 나는 두려워하지
아니하리이다"

딤후1:7 "하나님이 우리에게 주신 것은 두려워하는 마음이 아니요
오직 능력과 사랑과 절제하는 마음이니"

히12:28-29 "그러므로 우리가 흔들리지 않는 나라를 받았은즉 은혜를
받자 이로 말미암아 경건함과 두려움으로 하나님을 기쁘
시게 섬길지니 우리 하나님은 소멸하는 불이심이라."

3) 애굽 왕이 사라를 아내로 삼았습니다.

아브라함이 애굽에 이르렀을 때에 애굽 사람들이 사라의 심히 아
리따운 것을 보았고 바로의 고관들도 그를 보고 왕 앞에서 칭찬하
므로 왕이 사라를 궁으로 이끌어 들였습니다(창12:14-15). 이에 바
로가 사라로 말미암아 아브라함을 후대하므로 아브라함이 양과 소
와 노비와 암수 나귀와 낙타를 얻었습니다(창12:16).

창12:14-15 "아브람이 애굽에 이르렀을 때에 애굽 사람들이 그 여인이 심히 아리따움을 보았고 바로의 고관들도 그를 보고 바로 앞에서 칭찬하므로 그 여인을 바로의 궁으로 이끌어들인 지라"

창12:16 "이에 바로가 그로 말미암아 아브람을 후대하므로 아브람이 양과 소와 노비와 암수 나귀와 낙타를 얻었더라"

애굽에 내려간 아브라함은 왕이 사래를 인하여 후대하므로 양과 소와 노비와 암수 나귀와 약대를 얻었습니다. 하나님은 아브라함에게 그의 자손이 이방(애굽)에서 객이 되어 그들을 섬기겠고 그들은 사백 년 동안 그의 자손을 괴롭힐 것이며 그들이 섬기는 나라(애굽)을 하나님이 징벌하심으로 그의 자손이 큰 재물을 이끌고 나오리라고 말씀하셨습니다(창15:13-14). 하나님께서 아브라함에게 말씀하신 대로 이스라엘 백성이 출애굽할 때 애굽 사람에게 은금 패물과 의복을 구하매 하나님이 애굽 사람으로 주게 하셔서 애굽 사람의 물품을 취하였습니다(출12:35-36).

창15:13-14 "여호와께서 아브람에게 이르시되 너는 반드시 알라 네 자손이 이방에서 객이 되어 그들을 섬기겠고 그들은 사백 년동안 네 자손을 괴롭히리니 그들이 섬기는 나라를 내가 징벌할지며 그 후에 네 자손이 큰 재물을 이끌고 나오리라"

출12:35-36 "이스라엘 자손이 모세의 말대로 하여 애굽 사람에게 은금 패물과 의복을 구하매 여호와께서 애굽 사람들에게 이스라엘 백성에게 은혜를 입히게 하사 그들이 구하는 대로 주게 하시므로 그들이 애굽 사람의 물품을 취하였더라"

하나님은 출애굽하는 이스라엘 백성에게 애굽 사람의 물품을 취하게 하셨습니다. 하나님은 이스라엘 백성에게 그 조상들에게 맹세하신 언약을 이루시려고 재물 얻는 능력을 주셨습니다(신8:18). 하나님은 자기를 사랑하는 자가 재물을 얻어서 그 곳간에 채우게 하십니다(잠8:21). 그리고 겸손과 하나님을 경외함의 보상은 재물과 영광과 생명입니다(잠22:4). 또 죄인의 재물은 의인을 위하여 쌓이는 것입니다(잠13:22). 그러나 우리는 하나님과 재물을 겸하여 섬길 수 없습니다(눅16:13). 그러므로 우리는 재물이 쌓여도 정함이 없는 재물에 소망을 두지 말고 모든 것을 후히 주사 누리게 하시는 하나님께 두어야 합니다(딤전6:17).

신8:18   "네 하나님 여호와를 기억하라 그가 네게 재물 얻을 능력을 주셨음이라 이같이 하심은 네 조상들에게 맹세하신 언약을 오늘과 같이 이루려 하심이니라"

잠8:21   "이는 나를 사랑하는 자가 재물을 얻어서 그 곳간에 채우게하려 함이니라"

잠22:4   "겸손과 여호와를 경외함의 보상은 재물과 영광과 생명이니라"

잠13:22   "선인은 그 산업을 자자 손손에게 끼쳐도 죄인의 재물은 의인을 위하여 쌓이느니라"

눅16:13   "집 하인이 두 주인을 섬길 수 없나니 혹 이를 미워하고 저를 사랑하거나 혹 이를 중히 여기고 저를 경히 여길 것임이니라 너희는 하나님과 재물을 겸하여 섬길 수 없느니라"

딤전6:17 "네가 이 세대에서 부한 자들을 명하여 마음을 높이지 말고 정함이 없는 재물에 소망을 두지 말고 오직 우리에게 모든 것을 후히 주사 누리게 하시는 하나님께 두며"

4) 하나님이 바로와 그 집에 큰 재앙을 내리셨습니다.

하나님께서 아브라함의 아내 사라의 일로 바로와 그 집에 큰 재앙을 내리셨습니다(창12:17). 이에 바로가 아브라함을 불러서 사라를 누이라 함을 책망하고 사라를 데려가라 하였으며 아브라함과 그의 아내와 그의 모든 소유를 보내었습니다(창12:18-20).

창12:17 "여호와께서 아브람의 아내 사래의 일로 바로와 그 집에 큰 재앙을 내리신지라"

창12:18-20 "바로가 아브람을 불러서 이르되 네가 어찌하여 나에게 이렇게 행하였느냐 네가 어찌하여 그를 네 아내라고 내게 말하지 아니하였느냐 네가 어찌 그를 누이라 하여 내가 그를 데려다가 아내를 삼게 하였느냐 네 아내가 여기 있으니 이제 데려가라 하고 바로가 사람들에게 그의 일을 명하매 그들이 그와 함께 그의 아내와 그의 모든 소유를 보내었더라"

하나님께서 바로와 그 집에 내리신 재앙이 아브라함에게는 해방(구원)이 되었습니다. 하나님은 이스라엘 백성을 애굽에서 나오게 하실 때에도 재앙을 내리셨습니다(출11:1). 종말에도 하나님이 이 세상에 재앙을 내리실 것입니다(계15:1). 하나님이 재앙을 내리신 것은 온 천하에 하나님과 같은 자가 없음을 알게 하려 하심입니다

2장 하나님의 부르심에 순종하는 믿음 73

(출9:14). 하나님은 자기에게 청종하지 아니하는 자들의 죄대로 재앙을 내리십니다(레26:21). 그러므로 우리는 불신자들의 죄에 참여하지 말고 그가 받는 재앙들을 받지 말아야 합니다(계18:4).

출11:1　"여호와께서 모세에게 이르시되 내가 이제 한 가지 재앙을 바로와 애굽에 내린 후에야 그가 너희를 여기서 내보내리라 그가 너희를 내보낼 때에는 여기서 반드시 다 쫓아내리니"

계15:1　"또 하늘에 크고 이상한 다른 이적을 보매 일곱 천사가 일곱 재앙을 가졌으니 곧 마지막 재앙이라 하나님의 진노가 이것으로 마치리로다"

출9:14　"내가 이번에는 모든 재앙을 너와 네 신하와 네 백성에게 내려 온 천하에 나와 같은 자가 없음을 네가 알게 하리라"

레26:21　"너희가 나를 거슬러 내게 청종하지 아니할진대 내가 너희의 죄대로 너희에게 일곱 배나 더 재앙을 내릴 것이라"

계18:4　"또 내가 들으니 하늘로부터 다른 음성이 나서 이르되 내 백성아, 거기서 나와 그의 죄에 참여하지 말고 그가 받을 재앙들을 받지 말라"

5. 롯에게 땅의 선택권을 양보한 아브라함

애굽에서 나온 아브라함과 롯의 소유가 많아서 동거할 수가 없었습니다. 그래서 아브라함이 롯에게 땅을 선택하도록 양보하였습니다. 이에 롯은 물이 넉넉하여 여호와의 동산 같고 애굽 땅과 같이 좋게 보인 요단 온 지역을 택하였으며 소돔에서 살았습니다. 하나님은 아브라함에게 보이는 땅을 그와 그 자손에게 주실 것을 언약하셨습니다. 그리고 아브라함은 헤브론 마므레에서 살았습니다.

1) 아브라함과 롯의 소유가 많아서 동거할 수가 없었습니다.

아브라함이 애굽에서 그와 그의 아내와 모든 소유와 롯과 함께 네게브로 올라갔는데 아브라함에게 가축과 은과 금이 풍부하였습니다(창13:1-2). 그리고 아브라함이 네게브에서부터 길을 떠나 벧엘에 이르며 벧엘과 아이 사이 곧 전에 장막을 쳤던 곳에 이르렀습니다. 그곳은 아브라함이 처음으로 제단을 쌓은 곳이며 그가 거기서 여호와의 이름을 불렀습니다(창13:3-4). 그런데 아브라함의 일행 롯도 양과 소와 장막이 있으므로 그 땅이 그들이 동거하기에 넉넉하지 못하였습니다. 그들의 소유가 많아서 동거할 수 없었습니다(창13:5-6). 그러므로 아브라함의 가축의 목자와 롯의 가축의 목자가 서로 다투고 또 가나안 사람과 브리스 사람도 그 땅에 거주하였습니다(창13:7).

> **창13:1-2** "아브람이 애굽에서 그와 그의 아내와 모든 소유와 롯과 함께 네게브로 올라가니 아브람에게 가축과 은과 금이 풍부하였더라"
>
> **창13:3-4** "그가 네게브에서부터 길을 떠나 벧엘에 이르며 벧엘과 아이 사이 곧 전에 장막 쳤던 곳에 이르니 그가 처음으로 제단을 쌓은 곳이라 그가 거기서 여호와의 이름을 불렀더라"

창13:5-6 　　"아브람의 일행 롯도 양과 소와 장막이 있으므로 그 땅이 그들이 동거하기에 넉넉하지 못하였으니 이는 그들의 소유가 많아서 동거할 수 없었음이라"

창13:7 　　"그러므로 아브람의 가축의 목자와 롯의 가축의 목자가 서로 다투고 또 가나안 사람과 브리스 사람도 그 땅에 거주하였는지라"

2) 아브라함은 롯에게 땅을 선택하도록 양보하였습니다.

아브라함과 롯의 소유가 많아서 동거할 수가 없었습니다. 그래서 아브라함이 롯에게 이르되 "우리는 한 친족이라 나나 너나 내 목자나 네 목자나 다투게 하지 말자"고 하며 "네 앞에 온 땅이 있지 아니하냐 나를 떠나가라 네가 좌하면 나는 우하고 네가 우하면 나는 좌하리라" 하였습니다(창13:8-9). 아브라함은 소유가 많으므로 조카 롯에게 양보했습니다(창13:8-9). 그래서 아브라함은 하나님의 약속을 받았습니다.

창13:8-9 　　"아브람이 롯에게 이르되 우리는 한 친족이라 나나 너나 내 목자나 네 목자나 서로 다투게 하지 말자 네 앞에 온 땅이 있지 아니하냐 나를 떠나가라 네가 좌하면 나는 우하고 네가 우하면 나는 좌하리라"

3) 롯은 요단 온 지역을 택하였습니다.

롯은 소유가 많았으나 욕심으로 소돔을 선택했습니다. 롯이 눈을 들어 요단 지역을 바라본즉 소알까지 온 땅에 물이 넉넉하여 여호와의 동산 같고 애굽 땅과 같았습니다. 그러므로 롯이 요단 온 지역을 택하고 동으로 옮겼습니다(창13:10-11). 그래서 롯이 아브라함을 떠났으며 롯은 요단 지역의 도시들에 머무르며 그 장막을 옮겨 소돔까지 이르렀습니다. 그런데 소돔 사람은 여호와 앞에 악하며 큰 죄인이었습니다(창13:12-13). 롯은 소유가 많았으나 욕심으로 소돔을 선택했습니다. 그러나 결국 그는 그돌라오멜 왕에게 재물을 빼앗기고 자신도 붙잡혀갔습니다.

> 창13:10-11 "이에 롯이 눈을 들어 요단 지역을 바라본즉 소알까지 온 땅에 물이 넉넉하니 여호와께서 소돔과 고모라를 멸하시기 전이었으므로 여호와의 동산 같고 애굽 땅과 같았더라 그러므로 롯이 요단 온 지역을 택하고 동으로 옮기니 그들이 서로 떠난지라"

> 창13:12-13 "아브람은 가나안 땅에 거주하였고 롯은 그 지역의 도시들에 머무르며 그 장막을 옮겨 소돔까지 이르렀더라 소돔 사람은 여호와 앞에 악하며 큰 죄인이었더라"

4) 하나님이 아브라함에게 언약하셨습니다.

롯이 아브라함을 떠난 후에 여호와께서 아브람에게 이르시되 "너는 눈을 들어 너 있는 곳에서 북쪽과 남쪽 그리고 동쪽과 서쪽을 바라보라 보이는 땅을 내가 너와 네 자손에게 주리니 영원히 이르리라 내가 네 자손이 땅의 티끌 같게 하리니 사람이 땅의 티끌을 능히 셀 수 있을진대 네 자손도 세리라 너는 일어나 그 땅을 종과 횡으로 두루 다녀 보라 내가 그것을 네게 주리라"고 언약하셨습니다(창13:14-17). 이에 아브라함이 장막을 옮겨 헤브론에 있는 마므레 상수리 수풀에 이르러 거주하며 거기서 하나님을 위하여 제단을 쌓았습니다(창13:18).

창13:14–17 "롯이 아브람을 떠난 후에 여호와께서 아브람에게 이르시되 너는 눈을 들어 너 있는 곳에서 북쪽과 남쪽 그리고 동쪽과 서쪽을 바라보라 보이는 땅을 내가 너와 네 자손에게 주리니 영원히 이르리라 내가 네 자손이 땅의 티끌 같게 하리니 사람이 땅의 티끌을 능히 셀 수 있을진대 네 자손도 세리라 너는 일어나 그 땅을 종과 횡으로 두루 다녀 보라 내가 그것을 네게 주리라"

창13:18 "이에 아브람이 장막을 옮겨 헤브론에 있는 마므레 상수리 수풀에 이르러 거주하며 거기서 여호와를 위하여 제단을 쌓았더라"

롯은 욕심으로 재물을 따라 소돔에 이르러 살게 되었습니다. 롯은 그돌라오멜 왕의 침략을 받아 붙잡혀 갔으며 큰 죄인인 소돔 사람들로 인하여 고통을 당했습니다. 반면에 아브라함은 믿음으로 하나님의 언약을 따라 헤브론 마므레에 이르러 살게 되었습니다. 아브라함은 마므레에 거주하는 형제들인 마므레, 에스골, 아넬과 동맹하였고 그들과 함께 그돌라오멜 왕에게 붙잡혀간 롯을 구하였습니다. 믿음의 사람들은 어디에서 사느냐 보다 누구와 사느냐가 더 중요합니다.

악한 눈이 있는 자는 재물을 얻기에만 급합니다(잠28:22). 그리고 자기의 재물을 의지하고 부유함을 자랑하는 자는 아무도 자기의 형제를 구원하지 못합니다(시49:6-9). 하나님이 영원히 멸하시는 자는 하나님을 자기 힘으로 삼지 아니하고 오직 자기 재물의 풍부함을 의지합니다(시52:7). 어리석은 자는 자기를 위하여 재물을 쌓아 두고 하나님께 대하여 부요하지 못합니다(눅12:20-21). 부하려하는 자들은 시험과 올무와 여러 가지 어리석고 해로운 욕심에 떨어집니다(딤전6:9). 돈을 사랑함이 일만 악의 뿌리가 되며 돈을 탐내는 자들은 믿음에서 떠납니다(딤전6:10).

잠28:22 "악한 눈이 있는 자는 재물을 얻기에만 급하고 빈궁이 자기에게로 임할 줄을 알지 못하느니라"

시49:6-8 "자기의 재물을 의지하고 부유함을 자랑하는 자는 아무도 자기의 형제를 구원하지 못하며 그를 위한 속전을 하나님께 바치지도 못할 것은 그들의 생명을 속량하는 값이 너무 엄청나서 영원히 마련하지 못할 것임이니라"

시52:7 "이 사람은 하나님을 자기 힘으로 삼지 아니하고 오직 자기 재물의 풍부함을 의지하며 자기의 악으로 스스로 든든하게 하던 자라 하리로다"

눅12:20-21 "하나님은 이르시되 어리석은 자여 오늘 밤에 네 영혼을 도로 찾으리니 그러면 네 준비한 것이 누구의 것이 되겠느냐 하셨으니 자기를 위하여 재물을 쌓아 두고 하나님께 대하여 부요하지 못한 자가 이와 같으니라"

딤전6:9 "부하려 하는 자들은 시험과 올무와 여러 가지 어리석고 해로운 욕심에 떨어지나니 곧 사람으로 파멸과 멸망에 빠지게 하는 것이라"

딤전6:10 "돈을 사랑함이 일만 악의 뿌리가 되나니 이것을 탐내는 자들은 미혹을 받아 믿음에서 떠나 많은 근심으로써 자기를 찔렀도다"

우리는 돈을 사랑하지 말고 있는 바를 족한 줄로 알아야 합니다 (히13:5). 우리는 욕심을 버려야 합니다. 욕심이 잉태한즉 죄를 낳고 죄가 장성한즉 사망을 낳습니다(약1:15). 사람이 욕심을 내어도 얻지 못하므로 살인합니다(약4:2). 그리고 각 사람이 시험을 받는 것은 자기 욕심에 끌려 미혹되는 것입니다(약1:14). 그런데 세상에 있는 모든 것이 육신의 정욕과 안목의 정욕과 이생의 자랑입니다 (요일2:16). 그러므로 우리가 성령을 따라 행해야 육체의 욕심을 이루지 아니합니다(갈5:16). 우리가 욕심으로 구하면 얻지 못합니다. 그러나 우리가 욕심을 버리면 하나님의 약속을 받습니다. 우리는 욕심으로 사는 자가 아니요 하나님의 약속을 믿고 사는 자입니다.

히13:5   "돈을 사랑하지 말고 있는 바를 족한 줄로 알라 그가 친히 말씀하시기를 내가 결코 너희를 버리지 아니하고 너희를 떠나지 아니하리라 하셨느니라"

약1:15   "욕심이 잉태한즉 죄를 낳고 죄가 장성한즉 사망을 낳느니라"

약4:2   "너희는 욕심을 내어도 얻지 못하여 살인하며 시기하여도 능히 취하지 못하므로 다투고 싸우는도다 너희가 얻지 못함은 구하지 아니하기 때문이요"

약1:14   "오직 각 사람이 시험을 받는 것은 자기 욕심에 끌려 미혹됨이니"

요일2:16   "이는 세상에 있는 모든 것이 육신의 정욕과 안목의 정욕과 이생의 자랑이니 다 아버지께로부터 온 것이 아니요 세상으로부터 온 것이라"

| 갈5:16 | "내가 이르노니 너희는 성령을 따라 행하라 그리하면 육체의 욕심을 이루지 아니하리라" |

6. 전쟁으로 잡혀간 롯을 구한 아브라함

롯이 아브라함을 떠나서 소돔에서 살았고 아브라함은 헤브론 마므레에서 살았습니다. 그런데 그돌라오멜 왕과 그와 동맹한 세 왕이 소돔과 고모라를 침략하여 모든 사람들과 재물을 노략하여 갔습니다. 이 소식을 들은 아브라함이 자기와 동맹한 마므레, 에스골, 아넬 형제들과 그리고 자기 집에서 길리고 훈련된 318인을 거느리고 쫓아가서 그돌라오멜 왕과 그와 함께한 왕들을 파하고 자기 조카 롯과 그 재물과 소돔 사람들과 그 모든 재물을 다 찾아왔습니다. 그리고 승리하고 돌아온 아브라함은 살렘 왕 멜기세덱에게 축복을 받았으며 그에게 십분의 일을 드렸습니다.

1) 그돌라오멜 왕이 소돔과 고모라의 사람들과 재물을 노략하여 갔습니다.

아브라함과 롯은 소유가 많음으로 서로 헤어졌으며 아브라함은 헤브론에서 살고 있고 롯은 소돔에서 살고 있었습니다. 그런데 당시에 그돌라오멜 왕과 함께 한 세 왕과 소돔 왕과 함께 한 네 왕이 싯딤 골짜기 곧 지금의 염해에서 싸웠습니다(창14:1-3). 소돔과 고모라와 아드마와 스보임과 소알 성의 왕들이 엘람 왕 그돌라오멜을

12년 동안 섬기다가 제 십삼 년에 배반하였습니다. 이에 제 십사 년에 그돌라오멜 왕이 그와 동맹한 세 왕들과 함께 배반한 성들을 침략하였습니다(창14:4-9). 그리하여 그돌라오멜 왕이 소돔과 고모라의 모든 재물과 양식을 빼앗아 가고 소돔에 거하는 롯도 사로잡고 그 재물까지 노략하여 갔습니다(창14:10-12). 소유가 많았으나 욕심으로 물이 많은 요단 온 지역을 선택하고 소돔에 살던 롯은 그돌라오멜 왕에게 모든 재물도 빼앗기고 자신도 붙잡혀 갔습니다.

창14:1-3   "당시에 시날 왕 아므라벨과 엘라살 왕 아리옥과 엘람 왕 그돌라오멜과 고임 왕 디달이 소돔 왕 베라와 고모라 왕 비르사와 아드마 왕 시납과 스보임 왕 세메벨과 벨라 곧 소알 왕과 싸우니라 이들이 다 싯딤 골짜기 곧 지금의 염해에 모였더라"

창14:4-9   "이들이 십이 년 동안 그돌라오멜을 섬기다가 제십삼년에 배반한지라 제십사년에 그돌라오멜과 그와 함께 한 왕들이 나와서 아스드롯 가르나임에서 르바 족속을, 함에서 수스 족속을, 사웨 기랴다임에서 엠 족속을 치고 호리 족속을 그 산 세일에서 쳐서 광야 근방 엘바란까지 이르렀으며 그들이 돌이켜 엔미스밧 곧 가데스에 이르러 아말렉 족속의 온 땅과 하사손다말에 사는 아모리 족속을 친지라 소돔 왕과 고모라 왕과 아드마 왕과 스보임 왕과 벨라 곧 소알 왕이 나와서 싯딤 골짜기에서 그들과 전쟁을 하기 위하여 진을 쳤더니 엘람 왕 그돌라오멜과 고임 왕 디달과 시날 왕 아므라벨과 엘라살 왕 아리옥 네 왕이 곧 그 다섯 왕과 맞서니라"

창14:12   "싯딤 골짜기에는 역청 구덩이가 많은지라 소돔 왕과 고모라 왕이 달아날 때에 그들이 거기 빠지고 그 나머지는 산

으로 도망하매 네 왕이 소돔과 고모라의 모든 재물과 양
식을 빼앗아 가고 소돔에 거주하는 아브람의 조카 롯도
사로잡고 그 재물까지 노략하여 갔더라"

자기의 재물을 의지하는 자는 패망합니다(잠11:28). 재물은 하나
님이 진노하시는 날에 무익합니다(잠11:4). 또한 재물은 허무하여
스스로 날개를 내어 하늘을 나는 독수리처럼 날아갑니다(잠23:5).
재물은 재난을 당할 때에 없어집니다(전5:14). 그리고 사람들의 재
물은 남에게 남겨 두고 떠나는 것을 보게 됩니다(시49:10). 그러
므로 속이는 말로 재물을 모으는 것은 죽음을 구하는 것입니다(잠
21:6).

잠11:28   "자기의 재물을 의지하는 자는 패망하려니와 의인은 푸른
           잎사귀 같아서 번성하리라"

잠11:4   "재물은 진노하시는 날에 무익하나 공의는 죽음에서 건지
           느니라"

잠23:5   "네가 어찌 허무한 것에 주목하겠느냐 정녕히 재물은 스스
           로 날개를 내어 하늘을 나는 독수리처럼 날아가리라"

전5:14   "그 재물이 재난을 당할 때에 없어지나니 비록 아들은 낳
           았으나 그 손에는 아무 것도 없느니라"

시49:10   "그러나 그는 지혜 있는 자도 죽고 어리석고 무지한 자도
           함께 망하며 그들의 재물은 남에게 남겨 두고 떠나는 것
           을 보게 되리로다"

잠21:6   "속이는 말로 재물을 모으는 것은 죽음을 구하는 것이라
           곧 불려다니는 안개니라"

2) 아브라함이 롯을 구하였습니다.

소돔이 노략을 당할 때 도망한 자가 아브라함에게 알렸습니다. 이 때 아브라함은 마므레의 상수리 수풀 근처에 거주하였습니다. 그리고 아브라함은 마므레, 에스골, 아넬 형제들과 동맹하였습니다 (창14:13). 아브라함이 그의 조카가 사로잡혔음을 듣고 집에서 길리고 훈련된 자 318인을 거느리고 단까지 쫓아가서 그돌라오멜 왕과 그와 함께한 왕들을 파하고 자기 조카 롯과 그 재물과 소돔 사람들과 그 모든 재물을 다 찾아왔습니다(창14:14-16).

아브라함이 그돌라오멜 왕과 그와 함께 한 왕들을 파한 것은 하나님이 아브라함의 대적을 그의 손에 붙이신 것입니다(창14:20). 그리고 아브라함이 롯을 구한 것은 육신적으로 구한 것입니다.

창14:13 "도망한 자가 와서 히브리 사람 아브람에게 알리니 그 때에 아브람이 아모리 족속 마므레의 상수리 수풀 근처에 거주 하였더라 마므레는 에스골의 형제요 또 아넬의 형제라 이 들은 아브람과 동맹한 사람들이더라"

창14:14-16 "아브람이 그의 조카가 사로잡혔음을 듣고 집에서 길리고 훈련된 자 삼백십팔 명을 거느리고 단까지 쫓아가서 그와 그의 가신들이 나뉘어 밤에 그들을 쳐부수고 다메섹 왼편 호바까지 쫓아가 모든 빼앗겼던 재물과 자기의 조카 롯과 그의 재물과 또 부녀와 친척을 다 찾아왔더라"

아브라함은 마므레, 에스골, 아넬과 동맹하였습니다. 마므레, 에스골, 아넬 삼형제는 아브라함이 그돌라오멜왕을 쫓아갈 때 동행하였습니다. 그리고 아브라함은 찾아온 소돔 사람들의 재물에서 자기 분깃은 갖지 않았으나 마므레, 에스골, 아넬의 분깃은 그들이 갖도록 하였습니다(창14:24). 아브라함은 이웃과 좋은 관계를 가졌습니다. 그는 이웃과 전쟁에 동행할 수 있는 관계를 가졌습니다.

> **창14:24**　　"오직 젊은이들이 먹은 것과 나와 동행한 아넬과 에스골과 마므레의 분깃은 제할지니 그들이 그 분깃을 가질 것이니라"

　　하나님은 이웃을 사랑하라고 명하셨습니다(레19:18). 예수님도 이웃을 사랑하라고 명하셨습니다(마19:19). 사랑은 이웃에게 악을 행하지 아니하므로 율법의 완성입니다(롬13:10). 그리고 남을 사랑하는 자는 율법을 다 이루었습니다(롬13:8). 또한 의인은 그 이웃의 인도자가 됩니다(잠12:26). 우리는 이웃을 기쁘게 하되 선을 이루고 덕을 세우도록 해야 합니다(롬15:2).

> **레19:18**　　"원수를 갚지 말며 동포를 원망하지 말며 네 이웃 사랑하기를 네 자신과 같이 사랑하라 나는 여호와이니라"
>
> **마19:19**　　"네 부모를 공경하라, 네 이웃을 네 자신과 같이 사랑하라 하신 것이니라"
>
> **롬13:10**　　"사랑은 이웃에게 악을 행하지 아니하나니 그러므로 사랑은 율법의 완성이니라"
>
> **롬13:8**　　"피차 사랑의 빚 외에는 아무에게든지 아무 빚도 지지 말라 남을 사랑하는 자는 율법을 다 이루었느니라"
>
> **잠12:26**　　"의인은 그 이웃의 인도자가 되나 악인의 소행은 자신을

미혹하느니라"

롬15:2   "우리 각 사람이 이웃을 기쁘게 하되 선을 이루고 덕을 세
우도록 할지니라"

3) 아브라함은 멜기세덱에게 축복을 받았습니다.

아브라함이 승리하고 돌아올 때 소돔 왕이 나와서 그를 영접하였
습니다. 또 살렘 왕 멜기세덱이 떡과 포도주를 가지고 나왔습니다.
멜기세덱은 지극히 높으신 하나님의 제사장이었습니다(창14:17-
18). 그가 아브라함에게 축복하였으며 아브라함은 얻은 것에서 십
분의 일을 그에게 주었습니다(창14:19-20).

창14:17-18 "아브람이 그돌라오멜과 그와 함께 한 왕들을 쳐부수고 돌
아올 때에 소돔 왕이 사웨 골짜기 곧 왕의 골짜기로 나와
그를 영접하였고 살렘 왕 멜기세덱이 떡과 포도주를 가지
고 나왔으니 그는 지극히 높으신 하나님의 제사장이었더
라"

창14:19-20 "그가 아브람에게 축복하여 이르되 천지의 주재이시오 지
극히 높으신 하나님이여 아브람에게 복을 주옵소서 너희
대적을 네 손에 붙이신 지극히 높으신 하나님을 찬송할지
로다 하매 아브람이 그 얻은 것에서 십분의 일을 멜기세
덱에게 주었더라"

아브라함을 위하여 복을 빈 멜기세덱은 아브라함보다 높은 자입
니다(히7:6-7). 아브라함을 만나 복을 빈 멜기세덱은 살렘 왕이요
지극히 높으신 하나님의 제사장이었으며(창14:18, 히7:1), 의의 왕

이요 평강의 왕입니다(히7:2). 또 멜기세덱은 아비도 없고 어미도 없고 족보도 없고 시작한 날도 없고 생명의 끝도 없어 하나님 아들과 방불하여 항상 제사장으로 있습니다(히7:3). 멜기세덱은 레위 지파의 제사장들과 별다른 제사장이었습니다(히7:15).

히7:6-7	"레위 족보에 들지 아니한 멜기세덱은 아브라함에게서 십분의 일을 취하고 약속을 받은 그를 위하여 복을 빌었나니 논란의 여지 없이 낮은 자가 높은 자에게서 축복을 받느니라"
창14:18	"살렘 왕 멜기세덱이 떡과 포도주를 가지고 나왔으니 그는 지극히 높으신 하나님의 제사장이었더라"
히7:1	"이 멜기세덱은 살렘 왕이요 지극히 높으신 하나님의 제사장이라 여러 왕을 쳐서 죽이고 돌아오는 아브라함을 만나 복을 빈 자라"
히7:2	"아브라함이 모든 것의 십분의 일을 그에게 주니라 그 이름을 해석하면 먼저는 의의 왕이요 그 다음은 살렘 왕이니 곧 평강의 왕이요"
히7:3	"아버지도 없고 어머니도 없고 족보도 없고 시작한 날도 없고 생명의 끝도 없어 하나님의 아들과 닮아서 항상 제사장으로 있느니라"
히7:15	"멜기세덱과 같은 별다른 한 제사장이 일어난 것을 보니 더욱 분명하도다"

멜기세덱은 예수님의 모형입니다. 하나님이 예수님을 멜기세덱의 서열을 따라 영원한 제사장이라 하셨습니다(시110:4). 예수님은

하나님께 멜기세덱의 반차를 따른 대제사장이라 칭하심을 받으셨습니다(히5:10). 그리고 예수님께서 멜기세덱의 반차를 따라 영원히 대제사장이 되어 우리를 위하여 하늘의 지성소로 들어가셨습니다(히6:20). 예수님이 멜기세덱의 반차를 따라 제사장이 되신 것은 육신에 속한 한 계명의 법을 따르지 아니하고 오직 불멸의 생명의 능력을 따라 되셨습니다(히7:16-17). 멜기세덱이 아브라함에게 주었던 떡과 포도주는 예수님의 살과 피를 상징합니다.

> **시110:4** "여호와는 맹세하고 변하지 아니하시리라 이르시기를 너는 멜기세덱의 서열을 따라 영원한 제사장이라 하셨도다"
>
> **히5:10** "하나님께 멜기세덱의 반차를 따른 대제사장이라 칭함을 받으셨느니라"
>
> **히6:20** "그리로 앞서 가신 예수께서 멜기세덱의 반차를 따라 영원히 대제사장이 되어 우리를 위하여 들어가셨느니라"
>
> **히7:16-17** "그는 육신에 속한 한 계명의 법을 따르지 아니하고 오직 불멸의 생명의 능력을 따라 되었으니 증언하기를 네가 영원히 멜기세덱의 반차를 따르는 제사장이라 하였도다"

우리는 예수님에게 복을 받은 자들입니다. 그리고 예수님은 우리에게 자기의 살과 피를 주셨습니다. 예수님의 살은 참된 양식이요 예수님의 피는 참된 음료입니다. 예수님의 살을 먹고 피를 마시는 자는 영생을 가졌습니다(요6:54-55).

> **요6:54-55** "내 살을 먹고 내 피를 마시는 자는 영생을 가졌고 마지막 날에 내가 그를 다시 살리리니 내 살은 참된 양식이요 내

피는 참된 음료로다"

4) 아브라함은 멜기세덱에게 십분의 일을 드렸습니다.

아브라함은 그 얻은 것에서 십분의 일을 멜기세덱에게 주었습니다(창14:20). 아브라함이 노략 물 중 십분의 일을 멜기세덱에게 준 것은 멜기세덱이 높은 자임을 증거 합니다(히7:4). 레위의 아들들 가운데 제사장의 직분을 받은 자들은 자기 형제인 백성에게서 십분의 일을 취하라는 명령을 받았습니다(히7:5). 그러나 레위 족보에 들지 아니한 멜기세덱은 아브라함에게서 십분의 일을 취하고 약속을 받은 그를 위하여 복을 빌었는데 낮은 자가 높은 자에게서 축복을 받습니다(히7:6-7). 레위 지파의 제사장들이 십분의 일을 받은 것은 죽을 자들이 받은 것이며 멜기세덱이 아브라함에게서 십분의 일을 받은 것은 산다고 증거를 얻은 자가 받은 것입니다(히7:8). 또한 십분의 일을 받는 레위도 아브라함으로 말미암아 십분의 일을 멜기세덱에게 바쳤다고 할 수 있는데 이는 멜기세덱이 아브라함을 만날 때에 레위는 이미 자기 조상(아브라함)의 허리에 있었습니다 (히7:9-10).

> **창14:20** "너희 대적을 네 손에 붙이신 지극히 높으신 하나님을 찬송할지로다 하매 아브람이 그 얻은 것에서 십분의 일을 멜기세덱에게 주었더라"
>
> **히7:4** "이 사람이 얼마나 높은가를 생각해 보라 조상 아브라함도 노략 물 중 십분의 일을 그에게 주었느니라"

히7:5	"레위의 아들들 가운데 제사장의 직분을 받은 자들은 율법을 따라 아브라함의 허리에서 난 자라도 자기 형제인 백성에게서 십분의 일을 취하라는 명령을 받았으나"
히7:6-7	"레위 족보에 들지 아니한 멜기세덱은 아브라함에게서 십분의 일을 취하고 약속을 받은 그를 위하여 복을 빌었나니 논란의 여지 없이 낮은 자가 높은 자에게서 축복을 받느니라"
히7:8	"또 여기는 죽을 자들이 십분의 일을 받으나 저기는 산다고 증거를 얻은 자가 받았느니라"
히7:9-10	"또한 십분의 일을 받는 레위도 아브라함으로 말미암아 십분의 일을 바쳤다고 할 수 있나니 이는 멜기세덱이 아브라함을 만날 때에 레위는 이미 자기 조상의 허리에 있었음이라"

아브라함이 멜기세덱에게 십분의 일을 드린 것처럼 우리도 우리를 위하여 죽으시고 부활하신 예수님께 십분의 일을 드려야 합니다. 십일조는 하나님께 돌아온 증거입니다(말3:7-10). 하나님은 온전한 십일조를 드리라고 명하셨습니다(말3:10). 예수님이 세상에 계실 때 서기관과 바리새인들은 정의와 긍휼과 믿음(의와 인과 신)은 버렸지만 십일조는 드렸습니다(마23:23). 예수님은 십일조도 드리고 정의와 긍휼과 믿음도 버리지 말라고 명하셨습니다. 십일조는 온전한 믿음에서만 드리는 것이 아니며 기본적인 믿음에서 드리는 것입니다. 하나님께 십분의 일을 드리는 것은 가장 기본적인 믿음입니다.

말3:7-8	"만군의 여호와가 이르노라. 너희 조상들의 날로부터 너희가 나의 규례를 떠나 지키지 아니하였도다. 그런즉 내게로 돌아오라 그리하면 나도 너희에게로 돌아가리라 하였더니 너희가 이르기를 우리가 어떻게 하여야 돌아가리이까 하는도다. 사람이 어찌 하나님의 것을 도둑질 하겠느냐 그러나 너희는 나의 것을 도둑질하고도 말하기를 우리가 어떻게 주의 것을 도둑질하였나이까 하는도다. 이는 곧 십일조와 봉헌물이라."
말3:10	"만군의 여호와가 이르노라 너희의 온전한 십일조를 창고에 들여 나의 집에 양식이 있게 하고 그것으로 나를 시험하여 내가 하늘 문을 열고 너희에게 복을 쌓을 곳이 없도록 붓지 아니하나 보라"
마23:23	"화 있을진저 외식하는 서기관들과 바리새인들이여 너희가 박하와 회향과 근채의 십일조는 드리되 율법의 더 중한 바 정의와 긍휼과 믿음은 버렸도다 그러나 이것도 행하고 저 것도 버리지 말아야 할지니라"

5) 아브라함은 소돔의 재물을 가지지 아니했습니다.

아브라함은 소돔의 재물을 실 한 오라기라도 취하지 아니하였습니다. 소돔 왕은 그돌라오멜 왕을 쳐부수고 소돔의 모든 사람과 재물을 찾아온 아브라함에게 "사람은 내게 보내고 물품은 네가 가지라"고 하였습니다(창14:21). 이에 아브라함은 천지의 주재이시오 지극히 높으신 하나님 여호와께 손을 들어 맹세하며 소돔 왕에게 말하되 그에게 속한 것은 실 한 오라기나 들메끈 한 가닥도 가지지 아니하리라고 하였습니다(창14:22-23). 그 이유는 소돔 왕이 자기가 아브라함으로 치부하게 하였다 말할까 함이었습니다. 그러나 아브라함은 전쟁에 참여한 젊은이들이 먹은 것과 자기와 전쟁에 동행한 아넬과 에스골과 마므레의 분깃은 그들이 갖도록 하였습니다 (창14:24). 아브라함은 오직 하나님께 복 받은 자이기를 원하였습니다.

> 창14:21 "소돔 왕이 아브람에게 이르되 사람은 내게로 보내고 물품은 네가 가지라"
>
> 창14:22-23 "아브람이 소돔 왕에게 이르되 천지의 주재이시오 지극히 높으신 하나님 여호와께 내가 손을 들어 맹세하노니 네 말이 내가 아브람으로 치부하게 하였다 할까 하여 네게 속한 것은 실 한 오라기나 들메끈 한 가닥도 내가 가지지 아니하리라"
>
> 창14:24 "오직 젊은이들이 먹은 것과 나와 동행한 아넬과 에스골과 마므레의 분깃을 제할지니 그들이 그 분깃을 가질 것이니라"

하나님이 우리에게 재물 얻을 능력을 주셨습니다. 그러므로 내 능력과 내 손의 힘으로 내가 이 재물을 얻었다 말하지 말고 재물 얻을 능력을 주신 하나님 여호와를 기억해야 합니다(신8:17-18). 하나님은 아브라함에게 맹세하신 언약을 우리에게도 이루어지게 하시려고 재물의 복을 주십니다. 다윗은 천지에 있는 것이 다 하나님의 것이며 부와 귀가 하나님께로 말미암은 것을 알고 증언했습니다 (대상29:11-12). 또 다윗은 금생에서 저희 분깃을 받고 주의 재물로 배를 채우는 세상 사람에게서 구하시기를 하나님께 기도했습니다(시17:14).

신8:17-18   "그러나 네가 마음에 이르기를 내 능력과 내 손의 힘으로 내가 이 재물을 얻었다 말할 것이라 네 하나님 여호와를 기억하라 그가 네게 재물 얻을 능력을 주셨음이라 이같이 하심은 네 조상들에게 맹세하신 언약을 오늘과 같이 이루려 하심이니라"

대상29:11-12 "여호와여 위대하심과 권능과 영광과 승리와 위엄이 다 주께 속하였사오니 천지에 있는 것이 다 주의 것이로소이다 여호와여 주권도 주께 속하였사오니 주는 높으사 만물의 머리이심이니이다 부와 귀가 주께로 말미암고 또 주는 만물의 주재가 되사 손에 권세와 능력이 있사오니 모든 사람을 크게 하심과 강하게 하심이 주의 손에 있나이다"

시17:14   "여호와여 이 세상에 살아 있는 동안 그들의 분깃을 받은 사람들에게서 주의 손으로 나를 구하소서 그들은 주의 재물로 배를 채우고 자녀로 만족하고 그들의 남은 산업을 그들의 어린 아이들에게 물려 주는 자니이다"

하나님의 부르심에 순종하는 믿음을 가진 자는 믿음에서 초보의 단계에 있습니다. 그래서 하나님의 언약의 말씀보다 현실을 인정하여 세상의 방법을 사용하며 두려워하며 원망하고 불평할 수 있습니다. 그러나 하나님의 부르심에 순종하는 믿음을 가진 자는 하나님께 예배드리며, 이웃과 좋은 관계를 가지며, 육신적으로 위험에 빠진 자를 구해주며, 재물의 욕심을 버리고, 하나님께 복을 받고, 십분의 일을 드리는 삶을 살 수 있습니다.

3장

의롭다 하심을
받은 믿음

창15-16장에서의 아브라함의 믿음은 약속하신 하나님을 믿음으로 의롭다 하심을 받은 믿음이며 이스마엘을 상속자로 여긴 믿음입니다. 창15-16장의 기간은 약14년입니다(아브라함의 나이 85-99세). 아브라함은 창15장에서 "엘리에셀이 상속자가 아니라 네 몸에서 날 자가 네 상속자가 되리라"는 하나님의 약속을 듣고 하나님을 믿음으로 의롭다 여기심을 받았습니다. 그러나 아브라함은 그의 아내 사라의 말을 듣고 하갈과 동침하여 이스마엘을 낳았습니다. 그리고 아브라함은 이스마엘이 태어나자 13년 동안 이스마엘로 만족하며 살았습니다. 그런데 이스마엘은 하나님의 약속의 자녀가 아니요 육체를 따라 난 자입니다. 그리고 육체를 따라 난 자는 유업을 받지 못하고 쫓겨나게 됩니다. 그러나 아브라함은 이를 알지 못하여 쫓겨날 이스마엘로 만족하면서 13년을 살았습니다.

아브라함은 이 기간 동안 하나님께 믿음으로 의롭다 여기심을 받았으나 육체의 힘으로 살았습니다. 그래서 아브라함이 믿음으로 의롭다 하심을 받았으나 온전한 믿음은 아니었습니다. 아브라함의 믿음이 하나님의 부르심에 순종하는 믿음에서 하나님께 의롭다 하심을 받은 믿음으로 자랐습니다. 그러나 아직 온전한 믿음은 아니었습니다.

우리도 믿음으로 하나님께 의롭다 여기심을 받았으나 성령으로 살지 못하고 육체의 힘으로 살 수도 있습니다. 그러나 성령으로 살지 못하고 육체로 사는 것은 온전한 믿음은 아닙니다.

1. 이상 중에 아브라함에게 임한 여호와의 말씀

하나님의 부르심에 순종하여 가나안 땅에서 10년째 살고 있는 아브라함에게 여호와의 말씀이 이상 중에 임하여 두려워하지 말라고 하셨습니다. 왜냐하면 아브라함에게 자식이 없으므로 아브라함이 그 종 엘리에셀을 상속자로 여기며 두려워하며 살고 있었기 때문입니다. 그래서 하나님은 엘리에셀이 아브라함의 상속자가 아니라 아브라함의 몸에서 날 자가 그의 상속자가 되리라고 언약하셨습니다.

1) 하나님은 아브라함에게 두려워하지 말라고 말씀하셨습니다.

아브라함이 85세 때에 여호와의 말씀이 이상 중에 아브라함에게 임하여 말씀하시되 "아브람아 두려워하지 말라. 나는 네 방패요 너의 지극히 큰 상급이니라"고 하셨습니다(창15:1).

하나님이 아브라함의 방패요 지극히 큰 상급이셨습니다. 아브라함은 이를 알고 자식이 없어도 하나님으로 만족해야 했습니다. 그러나 아브라함은 이를 알지 못하여 두려워했습니다. 그래서 하나님은 아브라함에게 두려워하지 말라고 명하셨습니다.

> **창15:1** "이 후에 여호와의 말씀이 환상 중에 아브람에게 임하여 이르시되 아브람아 두려워하지 말라 나는 네 방패요 너의 지극히 큰 상급이니라"

하나님은 우리의 방패십니다(삼하22:2-3). 하나님은 우리를 돕는 방패십니다(신33:29). 하나님은 자기에게 피하는 모든 자에게 방패십니다(삼하22:31). 그리고 하나님은 그를 의지하는 자의 방패십니다(잠30:5). 또한 하나님은 행실이 온전한 자에게 방패가 되십니다(잠2:7). 하나님은 의인에게 복을 주시고 방패와 같은 은혜로 그를 호위하십니다(시5:12). 우리의 방패는 하나님께 속하였습니다(시89:18). 우리의 방패는 마음이 정직한 자를 구원하시는 하나님께 있습니다(시7:10). 하나님의 진실함은 방패와 손 방패가 되십니다(시91:4). 우리는 우리의 방패이신 하나님을 의지해야 합니다(시115:9). 그리고 우리는 모든 것 위에 믿음의 방패를 가져야 합니다(엡6:16). 그래서 우리는 두려워하지 않아야 합니다.

> **삼하22:2-3** "이르되 여호와는 나의 반석이시오 나의 요새시오 나를 위하여 나를 건지시는 자시요 내가 피할 나의 반석의 하나님이시오 나의 방패시오 나의 구원의 뿔이시오 나의 높은 망대시오 그에게 피할 나의 피난처시오 나의 구원자시라 나를 폭력에서 구원하셨도다"

> **신33:29** "이스라엘이여 너는 행복한 사람이로다 여호와의 구원을 너 같이 얻은 백성이 누구냐 그는 너를 돕는 방패시오 네 영광의 칼이시로다 네 대적이 네게 복종하리니 네가 그들의 높은 곳을 밟으리로다"

> **삼하22:31** "하나님의 도는 완전하고 여호와의 말씀은 진실하니 그는 자기에게 피하는 모든 자에게 방패시로다"

> **잠30:5** "하나님의 말씀은 다 순전하며 하나님은 그를 의지하는 자의 방패시니라"

> **잠2:7** "그는 정직한 자를 위하여 완전한 지혜를 예비하시며 행실이 온전한 자에게 방패가 되시나니"

시5:12	"여호와여 주는 의인에게 복을 주시고 방패로 함 같이 은 혜로 그를 호위하시리이다"
시89:18	"우리의 방패는 여호와께 속하였고 우리의 왕은 이스라엘 의 거룩한 이에게 속하였기 때문이니이다"
시7:10	"나의 방패는 마음이 정직한 자를 구원하시는 하나님께 있 도다"
시91:4	"그가 너를 그의 깃으로 덮으시리니 네가 그의 날개 아래 에 피하리로다 그의 진실함은 방패와 손 방패가 되시나 니"
시115:9	"이스라엘아 여호와를 의지하라 그는 너희의 도움이시오 너희의 방패시로다"
엡6:16	"모든 것 위에 믿음의 방패를 가지고 이로써 능히 악한 자의 모든 불화살을 소멸하고"

2) 아브라함은 그 종 엘리에셀을 상속자로 여겼습니다.

아브라함은 그 종 엘리에셀이 상속자라고 주장했습니다. 아브라함은 자식이 없는 것을 두려워하여 하나님을 원망했습니다. 그래서 아브라함은 "주 여호와여 무엇을 내게 주시려 하나이까 나는 자식이 없사오니 나의 상속자는 이 다메섹 사람 엘리에셀이니이다" 라고 불평했습니다(창15:2). 아브라함은 자식이 없음을 원망하면서 하나님께서 씨를 주지 아니하셨음으로 자기 집에서 길린 자 엘리에셀이 상속자가 될 것이라고 말했습니다(창15:3). 아브라함은 하나님의 언약보다 그의 현실을 믿었습니다. 이 때 아브라함의 믿음은 하나님이 그에게 씨를 주실 수 있는 온전한 믿음이 아니었습니다.

창15:2　　"아브람이 이르되 주 여호와여 무엇을 내게 주시려 하나이
　　　　　 까 나는 자식이 없사오니 나의 상속자는 이 다메섹 사람
　　　　　 엘리에셀이니이다"

창15:3　　"아브람이 또 이르되 주께서 내게 씨를 주지 아니하셨으니
　　　　　 내 집에서 길린 자가 내 상속자가 될 것이니이다"

3) 하나님은 아브라함의 몸에서 날 자가 그의 후사가 되리라고 언약하셨습니다.

하나님의 말씀이 아브라함에게 임하여 말씀하시되 "그 사람은 너의 후사가 아니라 네 몸에서 날 자가 네 후사가 되리라"고 하셨습니다(창15:4). 그리고 하나님께서 아브라함을 이끌고 밖으로 나가 말씀하시되 "하늘을 우러러 뭇별을 셀 수 있나 보라"고 하시며 "네 자손이 이와 같으리라"고 하셨습니다(창15:5).

아브라함은 자기로 큰 민족을 이루시겠다는 하나님의 약속은 믿었지만 자기 몸에서 날 자가 자기 상속자가 될 줄은 믿지 못했습니다. 왜냐하면 하나님이 약속하신 지 10년이 지났지만 자식이 없었기 때문입니다. 그래서 하나님께서 "네 몸에서 날 자가 네 후사가 되리라"고 약속하셨습니다.

창15:4　　"여호와의 말씀이 그에게 임하여 이르시되 그 사람이 네
　　　　　 상속자가 아니라 네 몸에서 날 자가 네 상속자가 되리라
　　　　　 하시고"

창15:5　　"그를 이끌고 밖으로 나가 이르시되 하늘을 우러러 뭇별을
　　　　　 셀 수 있나 보라 또 그에게 이르시되 네 자손이 이와 같으
　　　　　 리라"

2. 하나님을 믿음으로 의롭다 여기심을 받은 아브라함

아브라함은 하나님을 믿었습니다(창15:6). 아브라함은 아직 자식이 없었지만 그의 몸에서 날 자가 후사가 되며 그의 자손이 하늘의 별과 같이 되리라고 언약하신 하나님을 믿었습니다. 자식이 없음을 원망하며 엘리에셀을 후사로 여기던 아브라함이 하나님의 약속의 말씀을 듣고 자기 몸에서 날 자가 후사가 되리라고 하나님을 믿었습니다. 아브라함의 믿음이 자란 것입니다.

우리도 하나님의 약속의 말씀을 듣고 믿는 만큼 믿음이 자랍니다. 그러므로 우리는 하나님의 말씀을 듣는데 최선을 다해야 합니다.

> **창15:6** "아브람이 여호와를 믿으니 여호와께서 이를 그의 의로 여기시고"

하나님께서 아브라함을 의로 여기셨습니다(창15:6). 아브라함이 하나님을 믿으니 하나님께서 이를 그의 의로 여기셨습니다. 아브라함이 행위로써 의롭다 하심을 받은 것이 아니라 하나님을 믿으매 그것이 그에게 의로 여겨졌습니다(롬4:2-3). 그래서 우리는 말하기를 아브라함에게는 그 믿음이 의로 여겨졌다 합니다(롬4:9). 그런데 아브라함이 의로 여겨진 것은 할례시가 아니요 무할례시입니다(롬4:10). 또한 하나님께서 아브라함을 의로 여기신 것은 하나님의 약속을 온전히 믿는 아브라함의 믿음까지도 미리 보셨으며(롬

4:19-22), 이삭을 하나님께 드리는 아브라함의 믿음까지도 미리 보신 것입니다(약2:21). 그리고 아브라함이 하나님을 믿으니 이것을 의로 여기셨다는 말씀이 아브라함이 이삭을 하나님께 드림으로 이루어졌습니다(약2:23). 아브라함은 행함으로 믿음이 온전하게 된 것입니다(약2:22).

창15:6   "아브람이 여호와를 믿으니 여호와께서 이를 그의 의로 여기시고"

롬4:2-3   "만일 아브라함이 행위로써 의롭다 하심을 받았으면 자랑할 것이 있으려니와 하나님 앞에서는 없느니라 성경이 무엇을 말하느냐 아브라함이 하나님을 믿으매 그것이 그에게 의로 여겨진 바 되었느니라"

롬4:9   "그런즉 이 복이 할례자에게냐 혹은 무할례자에게도냐 무릇 우리가 말하기를 아브라함에게는 그 믿음이 의로 여겨졌다 하노라"

롬4:10   "그런즉 그것이 어떻게 여겨졌느냐 할례시냐 무할례시냐 할례시가 아니요 무할례시니라"

롬4:19-22   "그가 백세나 되어 자기 몸이 죽은 것 같고 사라의 태가 죽은 것 같음을 알고도 믿음이 약하여지지 아니하고 믿음이 없어 하나님의 약속을 의심하지 않고 믿음으로 견고하여져서 하나님께 영광을 돌리며 약속하신 그것을 또한 능히 이루실 줄을 확신하였으니 그러므로 그것이 그에게 의로 여겨졌느니라"

약2:21   "우리 조상 아브라함이 그 아들 이삭을 제단에 바칠 때에 행함으로 의롭다 하심을 받은 것이 아니냐"

약2:23   "이에 성경에 이른 바 아브라함이 하나님을 믿으니 이것을

의로 여기셨다는 말씀이 이루어졌고 그는 하나님의 벗이
라 칭함을 받았나니"

약2:22   "네가 보거니와 믿음이 그의 행함과 함께 일하고 행함으로
믿음이 온전하게 되었느니라"

아브라함은 75세에 믿음으로 하나님의 말씀을 따라 가나안 땅에
들어갔으며 85세에 믿음으로 의로 여기심을 받았습니다. 그런데 아
브라함에게 의로 여기셨다 기록된 것은 아브라함만 위한 것이 아니
요 의로 여기심을 받을 우리도 위함입니다(롬4:23-24). 우리는 우
리 범죄 함을 위하여 내어 줌이 되시고 우리를 의롭다 하심을 위하
여 살아나신 예수 우리 주를 죽은 자 가운데서 살리신 하나님을 믿
음으로 의로 여기심을 받았습니다(롬4:25). 아브라함이나 그 후손
에게 세상의 상속자가 되리라고 하신 언약은 율법으로 말미암은 것
이 아니요 오직 믿음의 의로 말미암은 것입니다(롬4:13). 그러므로
우리는 사람이 의롭다 하심을 얻는 것은 율법의 행위에 있지 않고
믿음으로 되는 줄 인정합니다(롬3:28). 우리는 사람이 의롭게 되는
것은 율법의 행위로 말미암음이 아니요 오직 예수 그리스도를 믿음
으로 되는 줄 앎으로 그리스도 예수를 믿습니다(갈2:16).

롬4:23-24   "그에게 의로 여겨졌다 기록된 것은 아브라함만 위한 것이
아니요 의로 여기심을 받을 우리도 위함이니 곧 예수 우
리 주를 죽은 자 가운데서 살리신 이를 믿는 자니라"

롬4:25   "예수는 우리가 범죄한 것 때문에 내줌이 되고 또한 우리
를 의롭다 하시기 위하여 살아나셨느니라"

롬4:13	"아브라함이나 그 후손에게 세상의 상속자가 되리라고 하신 언약은 율법으로 말미암은 것이 아니요 오직 믿음의 의로 말미암은 것이니라"
롬3:28	"그러므로 사람이 의롭다 하심을 얻는 것은 율법의 행위에 있지 않고 믿음으로 되는 줄 우리가 인정하노라"
갈2:16	"사람이 의롭게 되는 것은 율법의 행위로 말미암음이 아니요 오직 예수 그리스도를 믿음으로 말미암는 줄 알므로 우리도 그리스도 예수를 믿나니 이는 우리가 율법의 행위로써가 아니고 그리스도를 믿음으로써 의롭다 함을 얻으려 함이라 율법의 행위로써는 의롭다 함을 얻을 육체가 없느니라"

3. 아브라함과 언약을 세우신 하나님

아브라함의 믿음을 의로 여기신 하나님은 그에게 가나안 땅을 주실 것을 약속하셨습니다. 이에 아브라함은 하나님께서 약속하신 땅을 소유로 받을 것을 무엇으로 알 수 있을까를 물었습니다. 하나님은 아브라함에게 제물을 가져오게 하셨습니다. 그리고 하나님은 아브라함의 자손이 이방에서 객이 되어 고난을 받을 것을 말씀하시고 아브라함과 더불어 언약을 세우셨습니다.

1) 하나님은 아브라함에게 가나안 땅을 주실 것을 약속하셨습니다.

아브라함을 의롭다 하신 하나님이 아브라함에게 이르시되 "나는 이 땅을 네게 주어 소유를 삼게 하려고 너를 갈대아인의 우르에서 이끌어낸 여호와니라"고 말씀하셨습니다(창15:7). 하나님은 이전에 아브라함에게 가나안 땅을 그와 그 자손에게 주리라고 약속하셨습니다(창12:7, 13:15, 17). 그런데 하나님이 또 다시 약속하신 것은 아브라함이 하나님의 약속을 온전히 믿지 못했기 때문입니다.

> **창15:7** "또 그에게 이르시되 나는 이 땅을 네게 주어 소유를 삼게 하려고 너를 갈대아인의 우르에서 이끌어 낸 여호와니라"

> **창12:7** "여호와께서 아브람에게 나타나 이르시되 내가 이 땅을 네 자손에게 주리라 하신지라 자기에게 나타나신 여호와께 그가 그 곳에서 제단을 쌓고"

> **창13:15** "보이는 땅을 내가 너와 네 자손에게 주리니 영원히 이르리라"

> **창13:17** "너는 일어나 그 땅을 종과 횡으로 두루 다녀 보라 내가 그것을 네게 주리라"

2) 아브라함은 하나님께서 약속하신 땅을 소유로 받을 것을 무엇으로 알 수 있을까를 물었습니다.

아브라함이 이르되 "주 여호와여 내가 이 땅을 소유로 받을 것을 무엇으로 알리이까" 하였습니다(창15:8). 하나님이 아브라함을 갈대아 우르에서 가나안 땅으로 옮기셨으나 여기서 발붙일 만한 땅도 유업으로 주지 아니하시고 다만 이 땅을 아직 자식도 없는 그와 그의 후손에게 소유로 주신다고 몇 번이나 약속하셨습니다(행7:5). 그래서 아브라함은 하나님께 이 땅을 소유로 받을 것을 무엇으로 알 수 있을까를 물었습니다. 아브라함이 하나님의 약속을 의심한 것입니다.

창15:8 "그가 이르되 주 여호와여 내가 이 땅을 소유로 받을 것을 무엇으로 알리이까"

행7:5 "그러나 여기서 발붙일 만한 땅도 유업으로 주지 아니하시고 다만 이 땅을 아직 자식도 없는 그와 그의 후손에게 소유로 주신다고 약속하셨으며"

3) 하나님은 아브라함과 언약을 세우시기 위해 그에게 제물을 가져오게 하셨습니다.

하나님께서 아브라함에게 이르시되 "나를 위하여 삼 년 된 암소와 삼 년 된 암염소와 삼 년 된 수양과 산비둘기와 집비둘기 새끼를 가져 올지니라"고 하셨습니다(창15:9). 이에 아브라함이 이 모든 것을 가져다가 그 중간을 쪼개고 그 쪼갠 것을 마주 대하여 놓고 그 새는 쪼개지 아니하였습니다. 그리고 솔개가 그 사체 위에 내릴 때에는 아브라함이 쫓았습니다(창15:10-11). 언약을 맺을 때 짐승의 중간을 쪼개고 마주 대하여 놓고 그 사이를 지나갔습니다. 이는 죽음을 각오하고 그 언약을 꼭 지키겠다는 표시였습니다. 언약은 죽음을 각오하고 지켜야 합니다. 그래서 언약에는 피가 잇습니다(히9:18). 하나님은 송아지를 둘로 쪼개고 그 두 조각 사이로 지나며 하나님과 언약을 맺었으나 그 말씀을 실행하지 아니하여 하나님의 계약을 어긴 예루살렘 거민과 유다 백성을 벌하셨습니다(렘34:18-21).

창15:9   "여호와께서 그에게 이르시되 나를 위하여 삼 년 된 암소와 삼 년 된 암염소와 삼 년 된 숫양과 산비둘기와 집비둘기 새끼를 가져 올지니라"

창15:10-11 "아브람이 그 모든 것을 가져다가 그 중간을 쪼개고 그 쪼갠 것을 마주 대하여 놓고 그 새는 쪼개지 아니하였으며 솔개가 그 사체 위에 내릴 때에는 아브람이 쫓았더라"

히9:18   "이러므로 첫 언약도 피 없이 세운 것이 아니니"

렘34:18-21 "송아지를 둘로 쪼개고 그 두 조각 사이로 지나매 내 앞에서 언약을 맺었으나 그 말을 실행하지 아니하여 내 계약을 어긴 그들을 곧 송아지 두 조각 사이로 지난 유다 고관들과 예루살렘 고관들과 내시들과 제사장들과 이 땅 모든 백성을 내가 그들의 원수의 손과 그들의 생명을 찾는 자의 손에 넘기리니 그들의 시체가 공중의 새와 땅의 짐승의 먹이가 될 것이며 또 내가 유다의 시드기야 왕과 그의 고관들을 그의 원수의 손과 너희에게서 떠나간 바벨론 왕의 군대의 손에 넘기리라"

4) 하나님은 아브라함의 자손이 이방(애굽)에서 객이 되어 고난을 받을 것을 말씀하셨습니다.

해 질 때에 아브라함에게 깊이 잠이 임하고 큰 흑암과 두려움이 그에게 임하였습니다(창15:12). 그때 하나님께서 아브라함에게 이르시되 "너는 반드시 알라. 네 자손이 이방에서 객이 되어 그들을 섬기겠고 그들은 사백 년 동안 네 자손을 괴롭히리니 그들이 섬기는 나라를 내가 징벌할지며 그 후에 네 자손이 큰 재물을 이끌고 나오리라"(창15:13-14)고 말씀하시며 "너는 장수하다가 평안히 조상에게로 돌아가 장사될 것이요 네 자손은 사대 만에 이 땅으로 돌아오리니 이는 아모리 족속의 죄악이 아직 가득 차지 아니 함이니라"고 말씀하셨습니다(창15:15-16). 그리고 해가 져서 어둘 때에 연기 나는 화로가 보이며 타는 횃불이 쪼갠 고기 사이로 지났습니다(창15:17).

하나님은 아직 자식도 없는 아브라함에게 그의 자손이 이방에서 고난 받을 것을 말씀하신 것입니다. 이는 하나님께서 아브라함에게 아들을 주시겠다는 확실한 약속이기도 합니다.

창15:12   "해 질 때에 아브람에게 깊은 잠이 임하고 큰 흑암과 두려움이 그에게 임하였더니"

창15:13-14 "여호와께서 아브람에게 이르시되 너는 반드시 알라 네 자손이 이방에서 객이 되어 그들을 섬기겠고 그들은 사백 년동안 네 자손을 괴롭히리니 그들이 섬기는 나라를 내가 징벌할지며 그 후에 네 자손이 큰 재물을 이끌고 나오리라"

창15:15-16 "너는 장수하다가 평안히 조상에게로 돌아가 장사될 것이요 네 자손은 사대 만에 이 땅으로 돌아오리니 이는 아모리 족속의 죄악이 아직 가득 차지 아니함이니라 하시더니"

창15:17   "해가 져서 어두울 때에 연기 나는 화로가 보이며 타는 횃불이 쪼갠 고기 사이로 지나더라"

하나님은 아브라함에게 그가 가나안 땅을 소유로 삼을 줄을 알게 하시되 제물을 취하게 하셨으며 그의 자손이 이방에서 객이 되어 그들을 400년 동안 섬기다가 사대 만에 가나안 땅에 돌아올 것을 말씀하신 후에 타는 횃불이 쪼갠 제물의 고기 사이로 지나게 하셨습니다. 타는 횃불은 하나님의 임재를 상징합니다. 그리고 횃불이 쪼갠 고기 사이로 지나간 것은 하나님 자신이 아브라함과의 약속을 지키시겠다는 표시입니다.

하나님은 옛적에 아브람을 택하시고 갈대아 우르에서 인도하여 내시고 아브라함이라는 이름을 주시고 그의 마음이 주 앞에서 충성됨을 보시고 그와 더불어 언약을 세우사 가나안 땅을 그의 씨에게 주리라 하시더니 그 말씀대로 이루셨습니다(느9:7-8).

하나님께서 아브라함에게 말씀하신 대로 이스라엘 자손이 애굽에 들어가 400년 동안 애굽 왕을 섬기며 괴롭힘을 당했습니다. 그리고 하나님이 애굽을 징벌하셨으며(10가지 재앙을 내리셨으며) 이스라엘 자손이 큰 재물을 가지고 가나안 땅으로 돌아왔습니다.

> 느9:7-8 "주는 하나님 여호와시라 옛적에 아브람을 택하시고 갈대아 우르에서 인도하여 내시고 아브라함이라는 이름을 주시고 그의 마음이 주 앞에서 충성됨을 보시고 그와 더불어 언약을 세우사 가나안 족속과 헷 족속과 아모리 족속과 브리스 족속과 여부스 족속과 기르가스 족속의 땅을 그의 씨에게 주리라 하시더니 그 말씀대로 이루셨사오매 주는 의로우심이로소이다"

하나님은 이스라엘 자손을 애굽으로 보내셨습니다. 아브라함도 가나안 땅에 기근이 심하게 들었을 때 애굽에 갔다가 하나님의 보호하심으로 가나안 땅으로 돌아왔습니다. 예수님도 헤롯왕의 살해를 피하여 천사의 지시를 받은 그 부모에 의하여 애굽으로 피신하셨다가 나사렛으로 가셨습니다. 이는 "애굽으로부터 내 아들을 불렀다" 한 말씀을 이루려 함이었습니다(마2:14-15, 호11:1).

하나님은 이스라엘 자손에게 가나안 땅을 주셨으면서 왜 이스라엘 자손을 애굽으로 보내셨을까요? 그것은 가나안 족속(아모리 족속)의 죄악이 아직 가득 차지 아니하였기 때문입니다(창15:16). 또 이스라엘 자손을 큰 민족이 되게 하시려고 애굽으로 보내셨습니다(창46:3). 하나님은 큰 민족을 이루게 하시려고 이스라엘 자손과 함께 애굽으로 가셨습니다(창46:4).

마2:14-15   "요셉이 일어나서 밤에 아기와 그의 어머니를 데리고 애굽으로 떠나가 헤롯이 죽기까지 거기 있었으니 이는 주께서 선지자를 통하여 말씀하신 바 애굽으로부터 내 아들을 불렀다 함을 이루려 하심이라"

호11:1   "이스라엘이 어렸을 때에 내가 사랑하여 내 아들을 애굽에서 불러냈거늘"

창15:16   "네 자손은 사대 만에 이 땅으로 돌아오리니 이는 아모리 족속의 죄악이 가득 차지 아니함이니라 하시더니"

창46:3   "하나님이 이르시되 나는 하나님이라 네 아버지의 하나님이니 애굽으로 내려가기를 두려워하지 말라 내가 거기서 너로 큰 민족을 이루게 하리라"

창46:4   "내가 너와 함께 애굽으로 내려가겠고 반드시 너를 인도하여 다시 올라올 것이며 요셉이 그의 손으로 네 눈을 감기리라 하셨더라"

우리의 애굽은 이 세상입니다. 우리는 세상에 속한 자가 아니요 도리어 예수님이 우리를 세상에서 택하셨기 때문에 세상이 우리를 미워합니다(요15:19). 그러므로 우리는 세상이 우리를 미워하여도 이상히 여기지 말아야 합니다(요일3:13). 우리는 세상에서 환난을 당하나 담대해야 합니다(요16:33). 세상에 있는 모든 성도들도 동일한 고난을 당합니다(벧전5:9). 세상에 있는 성도들이 동족에게서 고난을 받습니다(살전2:14). 마귀와 세상 사람들이 교회와 성도들을 박해할 것입니다(계12:13, 17, 13:7-8). 그리고 하나님은 세상에 재앙을 내리시고 성도들을 구원하실 것입니다(계15:1).

요15:19   "너희가 세상에 속하였으면 세상이 자기의 것을 사랑할 것이나 너희는 세상에 속한 자가 아니요 도리어 내가 너희를 세상에서 택하였기 때문에 세상이 너희를 미워하느니라"

요일3:13 "형제들아 세상이 너희를 미워하여도 이상히 여기지 말라"

요16:33   "이것을 너희에게 이르는 것은 너희로 내 안에서 평안을 누리게 하려 함이라 세상에서는 너희가 환난을 당하나 담대하라 내가 세상을 이기었노라"

벧전5:9   "너희는 믿음을 굳건하게 하여 그를 대적하라 이는 세상에 있는 너희 형제들도 동일한 고난을 당하는 줄 앎이라"

살전2:14 "형제들아 너희가 그리스도 예수 안에서 유대에 있는 하나님의 교회들을 본받은 자 되었으니 그들이 유대인들에게 고난을 받음과 같이 너희도 너희 동족에게서 동일한 고난을 받았느니라"

계12:13	"용이 자기가 땅으로 내쫓긴 것을 보고 남자를 낳은 여자를 박해하는지라"
계12:17	"용이 여자에게 분노하여 돌아가서 그 여자의 남은 자손 곧 하나님의 계명을 지키며 예수의 증거를 가진 자들과 더불어 싸우려고 바다 모래 위에 서 있더라"
계13:7-8	"또 권세를 받아 성도들과 싸워 이기게 되고 각 족속과 백성과 방언과 나라를 다스리는 권세를 받으니 죽임을 당한 어린 양의 생명책에 창세 이후로 이름이 기록되지 못하고 이 땅에 사는 자들은 다 그 짐승에게 경배하리라"
계15:1	"또 하늘에 크고 이상한 다른 이적을 보매 일곱 천사가 일곱 재앙을 가졌으니 곧 마지막 재앙이라 하나님의 진노가 이것으로 마치리로다"

예수님이 고난을 받으셨습니다. 하나님이 모든 선지자의 입을 통하여 그리스도께서 고난 받으실 일을 미리 알게 하셨고 이루셨습니다(행3:18). 선지자들이 자기 속에 계신 그리스도의 영이 그 받으실 고난과 후에 받으실 영광을 미리 증언하였습니다(벧전1:10~11). 예수님에 대하여 기록하기를 많은 고난을 받고 멸시를 당하리라 하였습니다(막9:12). 그래서 예수님이 많은 고난을 받고 이 세대에서 버린바 되어야 했습니다(눅17:25). 예수님은 고난을 받고 영광에 들어가야 하셨습니다(눅24:26). 하나님이 우리의 구원의 창시자인 예수님을 고난을 통하여 온전하게 하심이 합당합니다(히2:10). 예수님은 하나님의 아들이시면서도 받으신 고난으로 순종함을 배워서 온전하게 되셨으며 자기에게 순종하는 모든 자에게 영원한 구원

의 근원이 되셨습니다(히5:8-9). 예수님은 자기 피로써 백성을 거룩하게 하려고 고난을 받으셨습니다(히13:12). 또 예수님은 우리를 위하여 고난을 받으사 우리에게 본을 끼쳐 그 자취를 따라오게 하셨습니다(벧전2:21).

행3:18 "그러나 하나님이 모든 선지자의 입을 통하여 자기의 그리스도께서 고난 받으실 일을 미리 알게 하신 것을 이와 같이 이루셨느니라"

벧전1:10-11 "이 구원에 대하여는 너희에게 임할 은혜를 예언하던 선지자들이 연구하고 부지런히 살펴서 자기 속에 계신 그리스도의 영이 그 받으실 고난과 후에 받으실 영광을 미리 증언하여 누구를 또는 어떠한 때를 지시하시는지 상고하니라"

막9:12 "이르시되 엘리야가 과연 먼저 와서 모든 것을 회복하거니와 어찌 인자에 대하여 기록하기를 많은 고난을 받고 멸시를 당하리라 하였느냐"

눅17:25 "그러나 그가 먼저 많은 고난을 받으며 이 세대에게 버린 바 되어야 할지니라"

눅24:26 "그리스도가 이런 고난을 받고 자기의 영광에 들어가야 할 것이 아니냐 하시고"

히2:10 "그러므로 만물이 그를 위하고 또한 그로 말미암은 이가 많은 아들들을 이끌어 영광에 들어가게 하시는 일에 그들의 구원의 창시자를 고난을 통하여 온전하게 하심이 합당하도다"

히5:8-9 "그가 아들이시면서도 받으신 고난으로 순종함을 배워서 온전하게 되셨은즉 자기에게 순종하는 모든 자에게 영원한 구원의 근원이 되시고"

히13:12 "그러므로 예수도 자기 피로써 백성을 거룩하게 하려고 성
        문 밖에서 고난을 받으셨느니라"

벧전2:21 "이를 위하여 너희가 부르심을 받았으니 그리스도도 너희
        를 위하여 고난을 받으사 너희에게 본을 끼쳐 그 자취를
        따라 오게 하려 하셨느니라"

우리도 고난을 받아야 합니다. 우리가 고난을 받는 것은 그리스
도의 고난에 참여하는 것입니다. 그리스도를 믿는 자는 그리스도를
위하여 고난도 받아야 합니다. 하나님이 그리스도를 위하여 우리에
게 은혜를 주신 것은 그리스도를 믿고 그리스도를 위하여 고난을
받게 하려 하심입니다(빌1:29). 우리는 그리스도와 함께 한 상속자
이므로 그와 함께 영광을 받기 위하여 고난도 함께 받아야 합니다
(롬8:17). 또한 우리는 하나님 나라를 위하여 고난을 받습니다. 우
리가 모든 박해와 환난 중에서 인내하고 믿는 것은 하나님 나라에
합당한 자로 여김을 받는 것입니다(살후1:4-5).

빌1:29 "그리스도를 위하여 너희에게 은혜를 주신 것은 다만 그를
        믿을 뿐 아니라 또한 그를 위하여 고난도 받게 하려 하심
        이라"

롬8:17 "자녀이면 또한 상속자 곧 하나님의 상속자요 그리스도와
        함께 한 상속자니 우리가 그와 함께 영광을 받기 위하여
        고난도 함께 받아야 할 것이니라"

살후1:4-5 "그러므로 너희가 견디고 있는 모든 박해와 환난 중에서
        너희 인내와 믿음으로 말미암아 하나님의 여러 교회에서

우리가 친히 자랑하노라 이는 하나님의 공의로운 심판의 표요 너희로 하여금 하나님의 나라에 합당한 자로 여김을 받게 하려 함이니 그 나라를 위하여 너희가 또한 고난을 받느니라"

하나님은 고난으로 우리를 연단하십니다. 하나님은 우리를 연단하시되 우리를 고난의 풀무 불에서 택하셨습니다(사48:10). 우리가 고난당하기 전에는 그릇 행하였는데 이제는 주의 말씀을 지킵니다(시119:67). 그러므로 고난당하는 것이 우리에게 유익이니 고난으로 말미암아 우리가 주의 율례들을 배우게 됩니다(시119:71). 우리는 그리스도의 고난에 참여하는 것으로 즐거워해야 합니다(벧전4:13). 만일 우리가 그리스도인으로 고난을 받으면 부끄러워하지 말고 도리어 그 이름으로 하나님께 영광을 돌려야 합니다(벧전4:16). 선을 행함으로 고난 받고 참으면 하나님 앞에 아름답습니다(벧전2:20). 그리고 의를 위하여 고난을 받으면 복 있는 자입니다(벧전3:14). 우리는 고난의 증인이요 나타날 그리스도의 영광에 참여할 자입니다(벧전5:1)

사48:10   "보라 내가 너를 연단하였으나 은처럼 하지 아니하고 너를 고난의 풀무 불에서 택하였노라"

시119:67 "고난당하기 전에는 내가 그릇 행하였더니 이제는 주의 말씀을 지키나이다"

시119:71 "고난당한 것이 내게 유익이라 이로 말미암아 내가 주의 율례들을 배우게 되었나이다"

벧전4:13	"오히려 너희가 그리스도의 고난에 참여하는 것으로 즐거워하라 이는 그의 영광을 나타내실 때에 너희로 즐거워하고 기뻐하게 하려 함이라"
벧전4:16	"만일 그리스도인으로 고난을 받으면 부끄러워하지 말고 도리어 그 이름으로 하나님께 영광을 돌리라"
벧전2:20	"죄가 있어 매를 맞고 참으면 무슨 칭찬이 있으리요 그러나 선을 행함으로 고난을 받고 참으면 이는 하나님 앞에 아름다우니라"
벧전3:14	"그러나 의를 위하여 고난을 받으면 복 있는 자니 그들이 두려워하는 것을 두려워하지 말며 근심하지 말고"
벧전5:1	"너희 중 장로들에게 권하노니 나는 함께 장로 된 자요 그리스도의 고난의 증인이요 나타날 영광에 참여할 자니라"

5) 하나님께서 아브라함과 더불어 언약을 세우셨습니다.

그 날에 여호와께서 아브라함으로 더불어 언약을 세워 가나안 땅을 아브라함의 자손에게 주신다고 하셨습니다(창15:18-21).

하나님은 이미 아브라함에게 하셨던 언약을 다시 하셨습니다. 그리고 그 후로도 하나님은 아브라함과 계속 언약을 세우셨습니다. 하나님은 아브라함을 크게 번성하게 하는 언약을 세우셨으며(창17:2), 아브라함이 여러 민족의 아버지가 되는 언약을 세우셨으며(창17:4), 아브라함과 그의 후손의 하나님이 되시는 언약을 세우셨으며(창17:7), 아브라함과 그의 후손이 다 할례를 받으라는 언약을 세우셨습니다(창17:9-10). 또한 하나님은 사라가 아브라함에게 낳을 이삭과 언약을 세우리라고 아브라함에게 말씀하셨습니다

(창17:19). 그리고 하나님은 아브라함의 씨로 말미암아 천하 만민이 복을 받으리라고 아브라함에게 언약하셨습니다(창22:18). 그런데 하나님이 약속하신 아브라함의 씨 즉 자손은 예수 그리스도십니다(갈3:16). 그리고 하나님이 아브라함에게 약속하신 땅은 천국입니다. 그래서 아브라함은 하늘에 있는 본향을 사모하였습니다(히11:16).

하나님은 아브라함이 그 언약의 자손은 예수 그리스도이심을 알고, 언약의 땅은 천국임을 알 때까지 계속 언약을 세우셨습니다.

창15:18-21 "그 날에 여호와께서 아브람과 더불어 언약을 세워 이르시되 내가 이 땅을 애굽 강에서부터 그 큰 강 유브라데까지 네 자손에게 주노니 곧 겐 족속과 그니스 족속과 갓몬 족속과 헷 족속과 브리스 족속과 르바 족속과 아모리 족속과 가나안 족속과 기르가스 족속과 여부스 족속의 땅이니라 하셨더라"

창17:2 "내가 내 언약을 나와 너 사이에 두어 너를 크게 번성하게 하리라 하시니"

창17:4 "보라 내 언약이 너와 함께 있으니 너는 여러 민족의 아버지가 될지니라"

창17:7 "내가 내 언약을 나와 너 및 네 대대 후손 사이에 세워서 영원한 언약을 삼고 너와 네 후손의 하나님이 되리라"

창17:9-10 "하나님이 또 아브라함에게 이르시되 그런즉 너는 내 언약을 지키고 네 후손도 대대로 지키라 너희 중 남자는 다 할례를 받으라 이것이 나와 너희와 너희 후손 사이에 지킬 내 언약이니라"

창17:19	"하나님이 이르시되 아니라 네 아내 사라가 네게 아들을 낳으리니 너는 그 이름을 이삭이라 하라 내가 그와 내 언약을 세우리니 그의 후손에게 영원한 언약이 되리라"
창22:18	"또 네 씨로 말미암아 천하 만민이 복을 받으리니 이는 네가 나의 말을 준행하였음이니라 하셨다 하니라"
갈3:16	"이 약속들은 아브라함과 그 자손에게 말씀하신 것인데 여럿을 가리켜 그 자손들이라 하지 아니하시고 오직 한 사람을 가리켜 네 자손이라 하셨으니 곧 그리스도라"
히11:16	"그들이 이제는 더 나은 본향을 사모하니 곧 하늘에 있는 것이라 이러므로 하나님이 그들의 하나님이라 일컬음 받으심을 부끄러워하지 아니하시고 그들을 위하여 한 성을 예비하셨느니라"

하나님은 언약의 하나님이십니다. 우리는 하나님의 언약을 알고 지켜야 합니다. 하나님은 아담과 언약하셨습니다. 하나님은 아담에게 명하여 이르시되 "동산 각종 나무의 열매는 네가 임의로 먹되 선악을 알게 하는 나무의 열매는 먹지 말라 네가 먹는 날에는 반드시 죽으리라" 하셨습니다(창2:16-17). 아담은 언약을 어겼습니다(호6:7). 그리고 사람의 죄악이 세상에 가득하였으며 생각하는 모든 계획이 항상 악하였습니다(창6:5). 그래서 하나님은 홍수를 일으켜 세상을 심판하려 하시며 노아와 언약을 세우셨으며 세상을 물로 심판하셨습니다(창6:17-18, 9:8-10). 노아는 하나님의 언약을 지켰으며 하나님은 노아의 여덟 식구를 구원하셨습니다(창6:22). 그러나 그 후손들은 바벨에서 탑을 건설하여 그 꼭대기가 하늘에

닿게 하여 그들의 이름을 내고 온 지면에 흩어짐을 면하자 했으나 (창11:4), 하나님이 그들을 온 지면에 흩으셨습니다(창11:9). 그리고 하나님은 아브라함과 이삭과 야곱과 언약을 세우셨으며 그들은 언약을 지켰습니다. 하나님은 아브라함과 이삭과 야곱과 맺은 언약을 기억하시고 그 땅을 기억하셨습니다(레26:42). 하나님은 아브라함과 이삭과 야곱의 후손인 이스라엘 백성을 애굽에서 이끌어 내시고 그들과 언약(율법)을 세우셨습니다(출34:27-28). 그러나 이스라엘 백성은 언약을 배반하였습니다(겔16:59). 하나님은 레위와 생명과 평강의 언약을 세우셨습니다(말2:5-6). 그러나 이스라엘의 제사장들은 레위의 언약을 깨뜨렸습니다(말2:8). 하나님은 다윗과 그의 왕위가 영원히 견고하리라는 언약을 세우셨습니다(삼하7:16, 삼하23:5). 하나님은 이스라엘 백성과 새 언약을 맺으셨습니다(렘31:31). 새 언약의 중보자는 예수 그리스도십니다(히9:15). 하나님이 아브라함에게 약속하신 자손이 예수 그리스도시며(갈3;16), 다윗에게 약속하신 자손이 예수 그리스도십니다(행13:23).

하나님은 아브라함에게 언약하시고(복음을 전하시고) 그 언약(복음)을 이루시기 위하여 모형(그림자)으로 율법(첫 언약)을 주시고, 실상(참 형상)으로 복음(새 언약)을 주셨습니다.

호6:7　　"그들은 아담처럼 언약을 어기고 거기에서 나를 반역하였느니라"

창6:5　　"여호와께서 사람의 죄악이 세상에 가득함과 그의 마음으로 생각하는 모든 계획이 항상 악할 뿐임을 아시고"

창6:17-18 　　"내가 홍수를 땅에 일으켜 무릇 생명의 기운이 있는 모든 육체를 천하에서 멸절하리니 땅에 있는 것들이 다 죽으리라 그러나 너와는 내가 내 언약을 세우리니 너는 네 아들들과 네 아내와 네 며느리들과 함께 그 방주로 들어가고"

창9:8-10 　　"하나님이 노아와 그와 함께 한 아들들에게 말씀하여 이르시되 내가 내 언약을 너희와 너희 후손과 너희와 함께 한 새와 가축과 땅의 모든 생물에게 세우리니 방주에서 나온 모든 것 곧 땅의 모든 짐승에게니라"

창6:22 　　"노아가 그와 같이 하여 하나님이 자기에게 명하신 대로 다 준행하였더라"

창11:4 　　"또 말하되 자, 성읍과 탑을 건설하여 그 탑 꼭대기를 하늘에 닿게 하여 우리 이름을 내고 온 지면에 흩어짐을 면하자 하였더니"

창11:9 　　"그러므로 그 이름을 바벨이라 하니 이는 여호와께서 거기서 온 땅의 언어를 혼잡하게 하셨음이니라 여호와께서 거기서 그들을 온 지면에 흩으셨더라"

레26:42 　　"내가 야곱과 맺은 내 언약과 이삭과 맺은 내 언약을 기억하며 아브라함과 맺은 내 언약을 기억하고 그 땅을 기억하리라"

출34:27-28 "여호와께서 모세에게 이르시되 너는 이 말들을 기록하라 내가 이 말들의 뜻대로 너와 이스라엘과 언약을 세웠음이니라 하시니라 모세가 여호와와 함께 사십 일 사십 야를 거기 있으면서 떡도 먹지 아니하였고 물도 마시지 아니하였으며 여호와께서는 언약의 말씀 곧 십계명을 그 판들에 기록하셨더라"

겔16:59 　　"나 주 여호와가 이같이 말하노라 네가 맹세를 멸시하여 언약을 배반하였은즉 내가 네 행한 대로 네게 행하리라"

말2:5-6   "레위와 세운 나의 언약은 생명과 평강의 언약이라 내가 이것을 그에게 준 것은 그로 경외하게 하려 함이라 그가 나를 경외하고 내 이름을 두려워하였으며 그의 입에는 진리의 법이 있었고 그의 입술에는 불의함이 없었으며 그가 화평함과 정직함으로 나와 동행하며 많은 사람을 돌이켜 죄악에서 떠나게 하였느니라"

말2:8   "너희는 옳은 길에서 떠나 많은 사람을 율법에 거스르게 하는도다 나 만군의 여호와가 이르노니 너희가 레위의 언약을 깨뜨렸느니라"

삼하7:16   "네 집과 네 나라가 내 앞에서 영원히 보전되고 네 왕위가 영원히 견고하리라 하셨다 하라"

삼하23:5   "내 집이 하나님 앞에 이같지 아니하냐 하나님이 나와 더불어 영원한 언약을 세우사 만사에 구비하고 견고하게 하셨으니 나의 모든 구원과 나의 모든 소원을 어찌 이루지 아니하시랴"

렘31:31-33 "여호와의 말씀이니라 보라 날이 이르리니 내가 이스라엘 집과 유다 집에 새 언약을 맺으리라 이 언약은 내가 그들의 조상들의 손을 잡고 애굽 땅에서 인도하여 내던 날에 맺은 것과 같지 아니할 것은 내가 그들의 남편이 되었어도 그들이 내 언약을 깨뜨렸음이라 여호와의 말씀이니라 그러나 그 날 후에 내가 이스라엘 집과 맺을 언약은 이러하니 곧 내가 나의 법을 그들의 속에 두며 그들의 마음에 기록하여 나는 그들의 하나님이 되고 그들은 내 백성이 될 것이라 여호와의 말씀이니라"

히9:15   "이로 말미암아 그는 새 언약의 중보자시니 이는 첫 언약 때에 범한 죄에서 속량하려고 죽으사 부르심을 입은 자로 하여금 영원한 기업의 약속을 얻게 하려 하심이라"

갈3:16   "이 약속들은 아브라함과 그 자손에게 말씀하신 것인데 여럿을 가리켜 그 자손들이라 하지 아니하시고 오직 한 사람을 가리켜 네 자손이라 하셨으니 곧 그리스도라"

행13:23   "하나님이 약속하신 대로 이 사람의 후손에서 이스라엘을 위하여 구주를 세우셨으니 곧 예수라"

4. 여종 하갈과 동침하여 이스마엘을 낳은 아브라함

아브라함은 그의 몸에서 날 자가 그의 상속자가 되리라는 하나님의 약속을 믿음으로 하나님께 의로 여기심을 받았습니다. 이에 사라가 그 여종 애굽 사람 하갈을 그 남편 아브라함에게 첩으로 주었습니다. 그리고 하갈이 임신하였으며 사라를 멸시했고 사라는 하갈을 학대하여 하갈이 도망하게 하였습니다. 하나님께서는 도망한 하갈에게 그의 여주인에게로 돌아가서 그 수하에 복종하라고 명하시고 그가 낳을 이스마엘이 크게 번성할 것을 약속하셨습니다. 그래서 하갈이 그의 여주인에게로 돌아가 이스마엘을 낳았습니다.

1) 사라가 그 여종 애굽 사람 하갈을 그 남편 아브라함에게 첩으로 주었습니다.

아브라함의 아내 사라는 출산하지 못하였고 그에게 한 여종이 있었는데 애굽 사람이요 이름은 하갈이었습니다(창16:1). 사라가 아브라함에게 이르되 "여호와께서 내 출산을 허락하지 아니하셨으니 원하건대 내 여종에게 들어가라. 내가 혹 그로 말미암아 자녀를 얻을까 하노라"고 하였고, 아브라함이 사라의 말을 들었습니다(창 16:2). 사라가 그 여종 하갈을 그 남편 아브라함에게 첩으로 준 때는 아브라함이 가나안 땅에 거주한지 십 년 후였습니다(창16:3). 아브라함이 하갈과 동침하였더니 하갈이 임신하였습니다(창16:4).

창16:1   "아브람의 아내 사래는 출산하지 못하였고 그에게 한 여종이 있으니 애굽 사람이요 이름은 하갈이라"

창16:2   "사래가 아브람에게 이르되 여호와께서 내 출산을 허락하지 아니하셨으니 원하건대 내 여종에게 들어가라 내가 혹 그로 말미암아 자녀를 얻을까 하노라 하매 아브람이 사래의 말을 들으니라"

창16:3   "아브람의 아내 사래가 그 여종 애굽 사람 하갈을 데려다가 그 남편 아브람에게 첩으로 준 때는 아브람이 가나안 땅에 거주한 지 십 년 후였더라"

창16:4   "아브람이 하갈과 동침하였더니 하갈이 임신하매 그가 자기의 임신함을 알고 그의 여주인을 멸시한지라"

하갈이 임신함은 육신의 생각으로 된 것입니다. 아브라함과 사라는 "네 몸에서 날 자가 네 상속자가 되리라"는 하나님의 언약을 오해했습니다. 즉 아브라함과 사라는 아브라함의 몸에서 날 자를 오해했습니다. 하나님께서 아브라함의 몸에서 날 자를 말씀하심은 사라가 아브라함에게 낳을 자를 말씀하심이었습니다. 그러나 아브라함과 사라는 아브라함의 몸에서 날 자를 어떤 여자든지 아브라함에게 낳을 자로 여겼습니다. 그들은 가나안 땅에 거주한지 십 년이 되어도 자식이 없으므로 사라가 아브라함에게 아들을 낳을 것을 믿지 못한 것입니다. 그래서 사라는 하나님께서 자기의 출산을 허락하지 아니하셨다고 생각하여 그 여종으로 말미암아 자기 자녀를 얻을 것으로 여겼습니다. 그래서 사라는 그 남편 아브라함에게 그 여종과 동침하라고 요구했습니다. 그리고 아브라함은 사라의 말을 들었습니다. 아브라함과 사라는 육신의 생각을 하며 원망과 불평이 있었기에 하나님의 약속을 오해했습니다. 아브라함의 믿음은 아직 온전한 믿음이 아니었습니다. 아브라함은 육신으로 생각한 것입니다. 아브라함은 하나님의 언약을 온전히 믿지 못하고 하갈의 육체의 힘을 더 의지한 것입니다. 그러므로 아브라함의 믿음은 하나님의 언약을 온전히 믿는 믿음으로 자라야 했습니다.

사람들은 범죄 함으로 육신이 되었으며 하나님의 영이 사람과 함께 하지 아니하셨습니다(창6:3). 하나님의 영(그리스도의 영: 성령)이 그 속에 거하시면 영에 있는 자요, 거하시지 아니하면 육신에 있는 자요 그리스도의 사람이 아닙니다(롬8:9). 육신에 속한 사람은 사람을 믿으며 육신으로 그 힘을 삼고 마음이 하나님에게서 떠나며 저주를 받습니다(렘17:5). 그리고 육신에 있는 자들은 하나님을 기쁘시게 할 수 없습니다(롬8:8). 우리가 육신에 있을 때에는 죄의 정욕이 우리 지체 중에서 역사하여 우리로 사망을 위하여 열매를 맺게 합니다(롬7:5). 그리고 우리가 육신에 속하면 죄 아래에 팔립니다(롬7:14).

육신을 따르는 자는 육신의 일을 생각합니다(롬8:5). 육신의 생각은 사망입니다(롬8:6). 그리고 육신의 생각은 하나님과 원수가 되며 하나님의 법(말씀)에 굴복하지 아니하며 할 수도 없습니다(롬8:7).

그런데 우리가 마음으로는 하나님의 법을, 육신으로는 죄의 법을 섬깁니다(롬7:25). 그리고 우리가 육신대로 살면 반드시 죽습니다(롬8:13). 그러므로 우리는 육신에게 져서 육신대로 살 것이 아닙니다(롬8:12). 우리는 뒤로 물러가 멸망할 자가 아니요 오직 영혼을 구원함에 이르는 믿음을 가진 자입니다(히10:39).

창6:3	"여호와께서 이르시되 나의 영이 영원히 사람과 함께 하지 아니하리니 이는 그들이 육신이 됨이라 그러나 그들의 날은 백이십 년이 되리라 하시니라"
롬8:9	"만일 너희 속에 하나님의 영이 거하시면 너희가 육신에 있지 아니하고 영에 있나니 누구든지 그리스도의 영이 없으면 그리스도의 사람이 아니라"
렘17:5	"여호와께서 이와 같이 말씀하시니라 무릇 사람을 믿으며 육신으로 그 힘을 삼고 마음이 여호와에게서 떠난 그 사람은 저주를 받을 것이라"
롬8:8	"육신에 있는 자들은 하나님을 기쁘시게 할 수 없느니라"
롬7:5	"우리가 육신에 있을 때에는 율법으로 말미암는 죄의 정욕이 우리 지체 중에 역사하여 우리로 사망을 위하여 열매를 맺게 하였더니"

롬7:14	"우리가 율법은 신령한 줄 알거니와 나는 육신에 속하여 죄 아래에 팔렸도다"
롬8:5	"육신을 따르는 자는 육신의 일을, 영을 따르는 자는 영의 일을 생각하나니"
롬8:6	"육신의 생각은 사망이요 영의 생각은 생명과 평안이니라"
롬8:7	"육신의 생각은 하나님과 원수가 되나니 이는 하나님의 법에 굴복하지 아니할 뿐 아니라 할 수도 없음이라"
롬7:25	"우리 주 예수 그리스도로 말미암아 하나님께 감사하리로다 그런즉 내 자신이 마음으로는 하나님의 법을 육신으로는 죄의 법을 섬기노라"
롬8:13	"너희가 육신대로 살면 반드시 죽을 것이로되 영으로써 몸의 행실을 죽이면 살리니"
롬8:12	"그러므로 형제들아 우리가 빚진 자로되 육신에게 져서 육신대로 살 것이 아니니라"
히10:39	"우리는 뒤로 물러가 멸망할 자가 아니요 오직 영혼을 구원함에 이르는 믿음을 가진 자니라"

2) 임신한 하갈은 사라를 멸시했고 사라는 하갈을 학대했습니다.

하갈이 자기의 임신함을 알고 그 여주인을 멸시하였습니다. 이에 사라가 아브람에게 이르되 "나의 받는 모욕을 당신이 받아야 옳도다. 내가 나의 여종을 당신의 품에 두었거늘 그가 자기의 임신함을 알고 나를 멸시하니 당신과 나 사이에 여호와께서 판단하시기를 원하노라"고 말했습니다. 이에 아브라함이 사라에게 이르되 "당신의 여종은 당신의 수중에 있으니 당신의 눈에 좋을 대로 그에게 행하라"고 말했습니다. 그래서 사라가 하갈을 학대하였습니다. 이에 하갈이 사라 앞에서 도망하였습니다(창16:4-6).

> **창16:4-6** "아브람이 하갈과 동침하였더니 하갈이 임신하매 그가 자기의 임신함을 알고 그의 여주인을 멸시한지라 사래가 아브람에게 이르되 내가 받는 모욕은 당신이 받아야 옳도다 내가 나의 여종을 당신의 품에 두었거늘 그가 자기의 임신함을 알고 나를 멸시하니 당신과 나 사이에 여호와께서 판단하시기를 원하노라 아브람이 사래에게 이르되 당신의 여종은 당신의 수중에 있으니 당신의 눈에 좋을 때로 그에게 행하라 하매 하갈을 학대하였더니 하갈이 사래 앞에서 도망하였더라"

하갈은 임신함으로 사라의 여종임을 망각하였습니다. 그래서 하갈은 사라를 멸시하였습니다. 그리고 멸시받은 사라는 그 남편 아브라함에게 원망하고 불평하고 책임을 전가하였고 또 하갈을 학대하였습니다. 그리고 사라에게 학대를 받은 하갈은 사라 앞에서 도망하였습니다. 이와 같이 육신에 속한 자들에게는 원망과 시기와 분쟁이 있습니다. 또 육신에 속한 자들은 사람을 따라 행합니다(고전3:3).

> **고전3:3** "너희는 아직도 육신에 속한 자로다 너희 가운데 시기와 분쟁이 있으니 어찌 육신에 속하여 사람을 따라 행함이 아니리요"

임신한 여종인 하갈은 임신하지 못한 여주인 사라를 멸시하였습니다. 멸시(蔑視)란 "업신여겨 보는 것, 낮추어 보는 것"입니다. 교만한 자가 남을 멸시합니다(시123:4). 지혜 없는 자는 그의 이웃을 멸시합니다(잠11:12). 악한 자가 이를 때에는 멸시도 따라 옵니다(잠18:3). 예수님은 멸시를 받아 사람들에게 버림 받으셨습니다(사53:3). 하나님은 멸시 받는 것들을 택하셨습니다(고전1:28). 멸시하는 사람들은 놀라고 멸망하게 됩니다(행13:41). 그러므로 우리는 자기를 의롭다고 믿고 다른 사람을 멸시하는 자가 되지 아니해야 합니다(눅18:9). 그리고 우리는 멸시를 당해도 주의 법도를 잊지 않아야 합니다(시119:141).

시123:4   "안일한 자의 조소와 교만한 자의 멸시가 우리 영혼에 넘치나이다"

잠11:12   "지혜 없는 자는 그의 이웃을 멸시하나 명철한 자는 잠잠하느니라"

잠18:3   "악한 자가 이를 때에는 멸시도 따라오고 부끄러운 것이 이를 때에는 능욕도 함께 오느니라"

사53:3   "그는 멸시를 받아 사람들에게 버림받았으며 간고를 많이 겪었으며 질고를 아는 자라 마치 사람들이 그에게서 얼굴을 가리는 것 같이 멸시를 당하였고 우리도 그를 귀히 여기지 아니하였도다"

고전1:28   "하나님께서 세상의 천한 것들과 멸시 받는 것들과 없는 것들을 택하사 있는 것들을 폐하려 하시나니"

행13:41   "일렀으되 보라 멸시하는 사람들아 너희는 놀라고 멸망하라 내가 너희 때를 당하여 한 일을 행할 것이니 사람이 너희에게 일러줄지라도 도무지 믿지 못할 일이라 하였느니라 하니라"

눅18:9 　"또 자기를 의롭다고 믿고 다른 사람을 멸시하는 자들에게 이 비유로 말씀하시되"

시119:141 "내가 미천하여 멸시를 당하나 주의 법도를 잊지 아니하였나이다"

사라가 자기를 멸시하는 하갈을 학대하였습니다. 학대(虐待)란 "혹독한 짓으로 남을 괴롭히는 것"입니다. 애굽 사람이 이스라엘 자손을 괴롭혀 학대하였습니다(출3:9). 애굽에서 이스라엘 자손을 인도하여 내신 하나님은 이스라엘 백성에게 이방 나그네를 학대하지 말라고 명하셨습니다(출22:21). 그러나 이스라엘 백성은 나그네를 학대하였고(겔22:7), 의인을 학대하였습니다(암5:12). 학대를 당하지 아니하고도 학대하는 자는 화가 있습니다(사33:1). 가난한 자를 학대하는 가난한 자는 곡식을 남기지 아니하는 폭우 같습니다(잠28:3). 그리고 가난한 사람을 학대하는 것은 그를 지으신 하나님을 멸시하는 것입니다(잠14:31). 우리는 학대 받는 자를 생각해야 합니다(히13:3).

출3:9 　"이제 가라 이스라엘 자손의 부르짖음이 내게 달하고 애굽 사람이 그들을 괴롭히는 학대도 내가 보았으니"

출22:21 "너는 이방 나그네를 압제하지 말며 그들을 학대하지 말라 너희도 애굽 땅에서 나그네였음이라"

겔22:7	"그들이 네 가운데에서 부모를 업신여겼으며 네 가운데에서 나그네를 학대하였으며 네 가운데에서 고아와 과부를 해하였도다"
암5:12	"너희의 허물이 많고 죄악이 무거움을 내가 아노라 너희는 의인을 학대하며 뇌물을 받고 성문에서 가난한 자를 억울하게 하는 자로다"
사33:1	"너 학대를 당하지 아니하고도 학대하며 속이고도 속임을 당하지 아니하는 자여 화 있을진저 네가 학대하기를 그치면 네가 학대를 당할 것이며 네가 속이기를 그치면 사람이 너를 속이리라"
잠28:3	"가난한 자를 학대하는 가난한 자는 곡식을 남기지 아니하는 폭우 같으니라"
잠14:31	"가난한 사람을 학대하는 자는 그를 지으신 이를 멸시하는 자요 궁핍한 사람을 불쌍히 여기는 자는 주를 공경하는 자니라"
히13:3	"너희도 함께 갇힌 것 같이 갇힌 자를 생각하고 너희도 몸을 가졌은즉 학대 받는 자를 생각하라"

사라에게 학대받은 하갈은 사라 앞에서 도망하였습니다. 하갈의 이름의 뜻은 "도망"이며, 하갈은 율법을 의미합니다. 사라와 하갈은 두 언약(복음과 율법)입니다. 하갈은 시내 산(율법)으로부터 종(이스마엘)을 낳은 자입니다(갈4:24). 하갈은 땅에 속한 자로 아라비아에 있는 시내 산으로서 땅에 있는 예루살렘과 같은 곳이며 그가 그 자녀들과 더불어 종노릇 하였습니다(갈4:25). 율법은 육체의 예법일 뿐입니다(히9:9-10).

갈4:24   "이것은 비유니 이 여자들은 두 언약이라 하나는 시내 산
         으로부터 종을 낳은 자니 곧 하갈이라"

갈4:25   "이 하갈은 아라비아에 있는 시내 산으로서 지금 있는 예
         루살렘과 같은 곳이니 그가 그 자녀들과 더불어 종노릇
         하고"

히9:9-10 "이 장막은 현재까지의 비유니 이에 따라 드리는 예물과
         제사는 섬기는 자를 그 양심상 온전하게 할 수 없나니 이
         런 것은 먹고 마시는 것과 여러 가지 씻는 것과 함께 육체
         의 예법일 뿐이며 개혁할 때까지 맡겨 둔 것이니라"

3) 하나님께서 하갈에게 여주인에게로 돌아가서 그 수하에 복종하
라고 명하셨습니다.

사라의 학대를 받고 도망한 하갈에게 하나님의 사자가 나타났습
니다. 하나님의 사자가 광야의 샘물 곧 술 길 샘 곁에서 하갈을 만
나 이르시되 "사래의 여종 하갈아 네가 어디서 왔으며 어디로 가느
냐?"고 물으셨습니다. 이에 하갈이 대답하되 "나는 내 여주인 사래
를 피하여 도망하나이다" 하였습니다. 이에 하나님의 사자가 그에
게 이르되 "네 여주인에게로 돌아가서 그 수하에 복종하라"고 하셨
습니다(창16:7-9).

창16:7-9 "여호와의 사자가 광야의 샘물 곁 곧 술 길 샘 곁에서 그
         를 만나 이르되 사래의 여종 하갈아 네가 어디서 왔으며
         어디로 가느냐 그가 이르되 나는 내 여주인 사래를 피하
         여 도망하나이다 여호와의 사자가 그에게 이르되 네 여주
         인에게로 돌아가서 그 수하에 복종하라"

도망한 하갈을 만난 하나님의 사자는 하갈을 "사래의 여종 하갈아"라고 불렀습니다. 하나님은 하갈에게 자신이 누구인지를 알게 하셨습니다. 여종인 하갈이 임신함으로 여주인 사라를 멸시하다가 사라의 학대를 받고 사라 앞에서 도망한 것은 하갈이 자신을 망각한 것입니다. 하갈이 아브라함과 동침하여 임신을 하였어도 그는 사라의 여종입니다. 종은 주인에게 복종해야 합니다. 그런데 하갈은 임신함으로 자신이 여종임을 망각하고 여주인 사라를 멸시한 것입니다.

또한 하나님의 사자는 하갈에게 "네가 어디서 왔으며 어디로 가느냐"고 묻고 "네 여주인에게로 돌아가서 그 수하에 복종하라"고 명하셨습니다. 하나님은 하갈에게 어디에 있어야 할 것과 무엇을 해야 할 것을 알게 하셨습니다. 여종인 하갈은 그의 여주인 사라에게 있어야 하고 그에게 복종해야 했습니다. 그런데 하갈은 자기 지위를 지키지 아니하고 자기 분수에 지나쳤습니다. 그래서 하나님은 하갈에게 그 여주인에게로 돌아가서 그 수하에 복종하라고 명하셨습니다. 이에 하갈은 그 여주인에게로 돌아갔습니다.

자기 지위를 지키지 아니하고 자기 처소를 떠난 것이 죄입니다. 범죄 한 천사들은 자기 지위를 지키지 아니하고 자기 처소를 떠났습니다(유1:6). 우리는 자신을 살펴보아야 합니다(갈6:1). 우리는 분수 이상의 자랑을 하지 말아야 합니다(고후10:13). 또한 우리는 마땅히 생각할 그 이상의 생각을 품지 말아야 합니다(롬12:3). 레위의 증손인 고라는 모세와 아론이 분수에 지나치다고 여겨 당을 짓고 모세와 아론을 거슬렀습니다(민16:3). 이에 모세는 고라와 그의 모든 무리들이 분수에 지나치다고 말했습니다(민16:7). 하나님은 분수에 지나친 고라를 멸하셨습니다. 자기 분수에 지나친 것은 패역한 것입니다(유1:11).

유1:6   "또 자기 지위를 지키지 아니하고 자기 처소를 떠난 천사들을 큰 날의 심판까지 영원한 결박으로 흑암에 가두셨으며"

갈6:1   "형제들아 사람이 만일 무슨 범죄 한 일이 드러나거든 신령한 너희는 온유한 심령으로 그러한 자를 바로잡고 너 자신을 살펴보아 너도 시험을 받을까 두려워하라"

고후10:13   "그러나 우리는 분수 이상의 자랑을 하지 않고 오직 하나님이 우리에게 나누어 주신 그 범위의 한계를 따라 하노니 곧 너희에게까지 이른 것이라"

롬12:3   "내게 주신 은혜로 말미암아 너희 각 사람에게 말하노니 마땅히 생각할 그 이상의 생각을 품지 말고 오직 하나님께서 각 사람에게 나누어 주신 믿음의 분량대로 지혜롭게 생각하라"

민16:3   "그들이 모여서 모세와 아론을 거슬러 그들에게 이르되 너희가 분수에 지나도다 회중이 다 각각 거룩하고 여호와께서도 그들 중에 계시거늘 너희가 어찌하여 여호와의 총회 위에 스스로 높이느냐"

민16:7   "내일 여호와 앞에서 그 향로에 불을 담고 그 위에 향을 두라 그 때에 여호와께서 택하신 자는 거룩하게 되리라 레위 자손들아 너희가 너무 분수에 지나치느니라"

유1:11   "화 있을진저 이 사람들이여, 가인의 길에 행하였으며 삯
         을 위하여 발람의 어그러진 길로 몰려갔으며 고라의 패역
         을 따라 멸망을 받았도다"

4) 하나님은 하갈이 낳을 이스마엘이 크게 번성할 것을 약속하셨
습니다.

하나님의 사자가 또 하갈에게 이르되 "내가 네 씨를 크게 번성하
여 그 수가 많아 셀 수 없게 하리라"(창16:10) 하시고, "네가 임신
하였은즉 아들을 낳으리니 그 이름을 이스마엘이라 하라 이는 여호
와께서 네 고통을 들으셨음이니라" 하셨습니다(창16:11). 또 하나
님은 이스마엘이 어떠한 사람으로 살 것인가를 말씀하셨습니다. 하
나님은 이스마엘이 사람 중에 들나귀 같이 되어 그의 손이 모든 사
람을 치겠고 모든 사람의 손이 그를 칠지며 그가 모든 형제와 대항
해서 살리라고 말씀하셨습니다(창16:12).

창16:10   "여호와의 사자가 또 그에게 이르되 내가 네 씨를 크게 번
          성하여 그 수가 많아 셀 수 없게 하리라"

창16:11   "여호와의 사자가 또 그에게 이르되 네가 임신하였은즉 아
          들을 낳으리니 그 이름을 이스마엘이라 하라 이는 여호와
          께서 네 고통을 들으셨음이니라"

창16:12   "그가 사람 중에 들나귀 같이 되리니 그의 손이 모든 사람
          을 치겠고 모든 사람의 손이 그를 칠지며 그가 모든 형제
          와 대항해서 살리라 하니라"

하나님께서 하갈에게 "내가 네 씨를 크게 번성하여 그 수가 많아

셀 수 없게 하리라"고 하신 약속은 하나님께서 아브라함에게 "하늘을 우러러 뭇별을 셀 수 있나 보라 네 자손이 이와 같으리라"고 하신 약속과 같습니다. 혈통 즉 육신으로 하면 이스마엘을 통해서도 아브라함에게 하신 하나님의 언약이 이루어지는 것처럼 보입니다. 그러나 하나님의 언약은 육신으로 이루어지는 언약이 아닙니다.

하갈이 자기에게 이르신 하나님의 이름을 "감찰하시는 하나님"이라 하였는데 이는 "내가 어떻게 여기서 나를 감찰하시는 하나님을 뵈었는고?" 함이었습니다. 이러므로 그 샘을 브엘라해로이라 불렀으며 그것은 가데스와 베렛 사이에 있었습니다(창16:13-14).

> 창16:13-14 "하갈이 자기에게 이르신 여호와의 이름을 나를 살피시는 하나님이라 하였으니 이는 내가 어떻게 여기서 나를 살피시는 하나님을 뵈었는고 함이라 이러므로 그 샘을 브엘라해로이라 불렀으며 그것은 가데스와 베렛 사이에 있더라"

하갈은 자기를 감찰하시는 하나님을 뵈었다고 고백했으며 하나님의 사자가 자기를 만나 말씀하신 그 샘을 브엘라해로이(나를 살피시는 살아 계신 이의 우물)라 불렀습니다. 그리고 하갈은 사라에게 돌아가 그 수하에 복종하였습니다. 하갈은 하나님을 만나 변화되었습니다. 도망한 자가 돌아온 자가 되었고, 그 주인을 멸시한 자가 그 주인에게 복종한 자가 되었습니다. 그러나 이 변화는 원래 자리로 돌아가는 변화입니다. 즉 이 변화는 육적인 변화이지 영적인 변화는 아닙니다.

우리는 감찰하시는 하나님을 알아야 합니다. 하나님은 악인과 선인을 감찰하십니다(잠15:3). 하나님은 사람의 마음과 양심을 감찰하십니다(시7:9). 하나님은 모든 마음을 감찰하시고 모든 의도를 아십니다(대상28:9). 하나님은 우리 마음이 주를 향하여 어떠함을 감찰하십니다(렘12:3). 우리는 우리 마음을 감찰하시는 하나님을 기쁘시게 해야 합니다(살전2:4). 악인은 그의 마음의 욕심을 자랑하며 하나님께서 이를 감찰하지 아니하신다 합니다(시10:3-4).

잠15:3   "여호와의 눈은 어디서든지 악인과 선인을 감찰하시느니라"

시7:9   "악인의 악을 끊고 의인을 세우소서 의로우신 하나님이 사람의 마음과 양심을 감찰하시나이다"

대상28:9   "내 아들 솔로몬아 너는 네 아버지의 하나님을 알고 온전한 마음과 기쁜 뜻으로 섬길지어다 여호와께서는 모든 마음을 감찰하사 모든 의도를 아시나니 네가 만일 그를 찾으면 만날 것이요 만일 네가 그를 버리면 그가 너를 영원히 버리시리라"

렘12:3   "여호와여 주께서 나를 아시고 나를 보시며 내 마음이 주를 향하여 어떠함을 감찰하시오니 양을 잡으려고 끌어냄과 같이 그들을 끌어내시되 죽일 날을 위하여 그들을 구별하옵소서"

살전2:4   "오직 하나님께 옳게 여기심을 입어 복음을 위탁 받았으니 우리가 이와 같이 말함은 사람을 기쁘게 하려 함이 아니

요 오직 우리 마음을 감찰하시는 하나님을 기쁘시게 하려
함이라"

시10:3-4   "악인은 그의 마음의 욕심을 자랑하며 탐욕을 부리는 자는
여호와를 배반하여 멸시하나이다 악인은 그의 교만한 얼
굴로 말하기를 여호와께서 이를 감찰하지 아니하신다 하
며 그의 모든 사상에 하나님이 없다 하나이다"

5) 하갈이 아브라함의 아들 이스마엘을 낳았습니다.

여주인에게로 돌아온 하갈이 아브라함의 아들을 낳았습니다. 그
리고 아브라함이 그 아들을 이름 하여 이스마엘이라 하였습니다.
하갈이 아브라함에게 이스마엘을 낳을 때에 아브라함이 86세였습
니다(창16:15-16).

창16:15-16   "하갈이 아브람의 아들을 낳으매 아브람이 하갈이 낳은 그
아들을 이름하여 이스마엘이라 하였더라 하갈이 아브람
에게 이스마엘을 낳을 때에 아브람이 팔십육 세였더라"

아브라함은 이스마엘로 만족하면서 살았습니다. 그러나 이스마
엘은 하나님이 아브라함에게 약속하신 아들이 아니었습니다. 이스
마엘은 계집종 하갈에게서 육체를 따라 났습니다(갈4:22-23). 하갈
은 율법을 의미하고 사라는 복음을 의미합니다(갈4:24). 하갈은 종
을 낳았습니다. 그리고 하갈은 그 자녀들과 더불어 종노릇 하고 유
업을 얻지 못하고 쫓겨났습니다(갈4:25, 30). 이스마엘은 혈통으로
는 아브라함의 아들이지만 하나님의 언약으로는 아브라함의 아들

이 아닙니다. 그래서 이스마엘은 아브라함의 유업을 얻지 못하고 쫓겨났습니다. 그런데 아브라함은 이스마엘을 상속자로 여겼습니다. 그러므로 이때 아브라함의 믿음은 온전한 믿음이 아니며 온전한 믿음으로 자라야 했습니다.

> 갈4:22-23   "기록된 바 아브라함에게 두 아들이 있으니 하나는 여종에게서, 하나는 자유하는 여자에게서 났다 하였으며 여종에게서는 육체를 따라 났고 자유 있는 여자에게서는 약속으로 말미암았느니라"

> 갈4:24   "이것은 비유니 이 여자들은 두 언약이라 하나는 시내 산으로부터 종을 낳은 자니 곧 하갈이라"

> 갈4:25   "이 하갈은 아라비아에 있는 시내 산으로서 지금 있는 예루살렘과 같은 곳이니 그가 그 자녀들과 더불어 종노릇 하고"

> 갈4:30   "그러나 성경이 무엇을 말하느냐 여종과 그 아들을 내쫓으라 여종의 아들이 자유 있는 여자의 아들과 더불어 유업을 얻지 못하리라 하였느니라"

아브라함의 씨가 다 그의 자녀가 아니오 오직 이삭으로부터 난 자라야 아브라함의 씨라 불리었습니다(롬9:7). 곧 육신의 자녀가 하나님의 자녀가 아니요 오직 약속의 자녀가 하나님의 씨(자녀)로 여기심을 받습니다(롬9:8). 믿음으로 말미암은 자들은 아브라함의 자손입니다(갈3:7). 우리가 그리스도의 것이면 곧 아브라함의 자손이요 하나님의 약속대로 유업을 이을 자입니다(갈3:29). 그리고 아브라함의 자손이면 아브라함이 행한 일들을 행합니다(요8:39). 예수님은 아브라함의 자손을 붙들어 주십니다(히2:16).

롬9:7	"또한 아브라함의 씨가 다 그의 자녀가 아니라 오직 이삭으로부터 난 자라야 네 씨라 불리리라 하셨으니"
롬9:8	"곧 육신의 자녀가 하나님의 자녀가 아니요 오직 약속의 자녀가 씨로 여기심을 받느니라"
갈3:7	"그런즉 믿음으로 말미암은 자들은 아브라함의 자손인 줄 알지어다"
갈3:29	"너희가 그리스도의 것이면 곧 아브라함의 자손이요 약속대로 유업을 이을 자니라"
요8:39	"대답하여 이르되 우리 아버지는 아브라함이라 하니 예수께서 이르시되 너희가 아브라함의 자손이면 아브라함이 행한 일들을 할 것이거늘"
히2:16	"이는 확실히 천사들을 붙들어 주려 하심이 아니요 오직 아브라함의 자손을 붙들어 주려 하심이라"

우리가 하나님의 자녀가 된 것은 혈통으로나 육정으로나 사람의 뜻으로 나지 아니하고 오직 하나님께로부터 났습니다(요1:12-13).

우리는 여종의 자녀가 아닙니다(갈4:31). 그래서 우리는 종노릇 하지 않습니다. 우리는 이삭과 같이 성령을 따라 난 약속의 자녀요 자유 하는 여자의 자녀입니다(갈4:28-29).

요1:12-13	"영접하는 자 곧 그 이름을 믿는 자들에게는 하나님의 자녀가 되는 권세를 주셨으니 이는 혈통으로나 육정으로나 사람의 뜻으로 나지 아니하고 오직 하나님께로부터 난 자

들이니라"

갈4:31   "그런즉 형제들아 우리는 여종의 자녀가 아니요 자유 있는
             여자의 자녀니라"

갈4:28-29 "형제들아 너희는 이삭과 같이 약속의 자녀라 그러나 그
             때에 육체를 따라 난 자가 성령을 따라 난 자를 박해한 것
             같이 이제도 그러하도다"

하나님께 의롭다 하심을 받은 믿음을 가진 자는 하나님의 언약을
믿지만 온전히 믿지 못할 수도 있습니다. 하나님의 언약을 육신적
으로 생각합니다. 그래서 하나님의 언약보다 육신의 힘을 더 의지
합니다. 그래서 모든 일을 믿음으로 행하기보다 육신의 힘으로 행
하며 시기하고 분쟁합니다. 그리고 고난을 알지 못하고 육신의 힘
으로 얻은 것으로 만족하며 살아갑니다. 그러므로 하나님의 언약을
온전히 믿는 믿음으로 자라야 합니다.

4장

하나님의 언약을
온전히 믿는 믿음

창17-21:7에서의 아브라함의 믿음은 하나님의 약속을 온전히 믿는 믿음으로 자랐으며 이삭을 상속자로 여긴 믿음입니다. 창17-21:7까지의 기간은 약1년(아브라함의 나이 99-100세)입니다. 아브라함에게는 99세에서 100세까지 1년 동안에 크고 많은 변화가 일어났습니다. 아브라함은 99세가 될 때까지 전능하신 하나님을 믿지 못하였고 하나님 앞에서 완전하게 행하지 못하였습니다. 아브라함은 하갈이 이스마엘을 낳은 후 13년 동안 이스마엘로 만족하면서 아무 일 없이 잘 살았습니다. 아브라함은 육신을 따라 난 이스마엘이 혈통으로는 자기의 아들이지만 하나님의 약속으로는 자기의 아들이 아닌데도 이를 알지 못하였습니다. 그래서 아브라함은 이스마엘로 만족하면서 살았습니다.

그런데 하나님이 아브라함이 99세 때에 그에게 전능하신 하나님으로 나타나셔서 완전하라고 명하셨습니다. 또 하나님은 아브라함이 열국의 아버지가 되는 언약을 세우셨습니다. 또 하나님은 아브라함과 그 후손의 하나님이 되시는 언약을 세우셨습니다. 그리고 하나님은 아브라함에게 언약의 표징으로 할례를 받으라고 명하셨습니다. 또 하나님은 사라가 열국의 어머니가 되는 언약을 세우셨습니다. 그러나 아브라함은 이스마엘이나 하나님 앞에 살기를 원하였습니다. 그래서 하나님은 아브라함에게 사라가 낳을 아들 이삭으로 언약을 세우리라고 약속하셨습니다. 이에 아브라함이 하나님의 언약을 믿고 하나님이 명하신 대로 할례를 받았습니다. 아브라함의 믿음이 온전한 믿음이 되었습니다.

그 후에 하나님이 아브라함에게 사람으로 나타나셨습니다. 아브라함은 사람으로 나타나신 하나님(예수님)과 두 천사를 영접하였습니다. 하나님은 아브라함에게 그의 아내 사라에게 아들이 있으리라고 언약하셨습니다. 그리고 하나님은 사라로 온전히 믿게 하셨습니다. 또 하나님은 아브라함에게 소돔과 고모라를 멸하실 것을 말씀하셨고 소돔과 고모라를 불로 멸망시키셨습니다. 아브라함은 소돔과 고모라가 불로 멸망하는 것을 보았고 하늘에 있는 본향을 사모하는 자가 되었습니다. 그리고 하나님이 약속하신 대로 아브라함의 아내 사라가 이삭을 출생하였습니다. 이삭이 출생할 때 하나님(성령님)이 아브라함에게 오신 것입니다.

우리도 하나님의 언약을 온전히 믿는 믿음이 있으면 전능하신 하나님을 믿고 행위를 완전하게 하며, 마음에 할례를 받고, 세상의 죄와 하나님의 심판을 알고, 천국을 사모하는 자가 되며, 하나님의 보호를 받고, 성령으로 거듭나 성령으로 살고 성령으로 행하는 자가 됩니다.

1. 아브라함에게 나타나셔서 말씀하신 하나님

아브라함이 99세 때에 하나님께서 아브라함에게 나타나서 그에게 이르시되 "나는 전능한 하나님이라"고 말씀하셨습니다(창17:1). 아브라함은 하나님의 부르심에 순종하였고 하나님께 의롭다 하심을 받았으나 아직 전능한 하나님을 믿지 못했습니다. 그래서 하나님이 그에게 나타나셔서 전능한 하나님이심을 말씀하셨습니다.

> **창17:1** **"아브람이 구십구 세 때에 여호와께서 아브람에게 나타나서 그에게 이르시되 나는 전능한 하나님이라 너는 내 앞에서 행하여 완전하라"**

하나님은 전능하십니다. 하나님은 구원을 베푸실 전능자이십니다(습3:17). 하나님은 옛적에도 계셨고 지금도 계신 전능하신 이십니다(계11:17). 하나님은 아브라함과 이삭과 야곱에게 전능의 하나님으로 나타나셨습니다(출6:3). 하나님은 야곱에게 "나는 전능한 하나님이라"고 말씀하셨습니다(창35:11). 우리는 하나님은 야곱의 전능자이심을 알아야 합니다(사49:26). 그리고 우리는 전능하신 하나님을 믿어야 합니다. 또한 우리는 믿는 자에게는 능치 못할 일이 없음을 믿어야 합니다(막9:23). 또 우리는 능력 주시는 자 안에서 모든 것을 할 수 있어야 합니다(빌4:13).

> **습3:17** **"너의 하나님 여호와가 너의 가운데 계시니 그는 구원을 베푸실 전능자이시라 그가 너로 말미암아 기쁨을 이기지 못하시며 너를 잠잠히 사랑하시며 너로 말미암아 즐거이 부르며 기뻐하시리라"**

계11:17	"이르되 감사하옵나니 옛적에도 계셨고 지금도 계신 주 하나님 곧 전능하신 이여 친히 큰 권능을 잡으시고 왕 노릇 하시도다"
출6:3	"내가 아브라함과 이삭과 야곱에게 전능의 하나님으로 나타났으나 나의 이름을 여호와로는 그들에게 알리지 아니하였고"
창35:11	"하나님이 그에게 이르시되 나는 전능한 하나님이라 생육하며 번성하라 한 백성과 백성들의 총회가 네게서 나오고 왕들이 네 허리에서 나오리라"
사49:26	"내가 너를 억압하는 자들에게 자기의 살을 먹게 하며 새 술에 취함 같이 자기의 피에 취하게 하리니 모든 육체가 나 여호와는 네 구원자요 네 구속자요 야곱의 전능자인 줄 알리라"
막9:23	"예수께서 이르시되 할 수 있거든이 무슨 말이냐 믿는 자에게는 능히 하지 못할 일이 없느니라 하시니"
빌4:13	"내게 능력 주시는 자 안에서 내가 모든 것을 할 수 있느니라"

1) 하나님은 아브라함에게 완전하라고 명하셨습니다.

하나님은 아브라함에게 나타나셔서 "나는 전능한 하나님이라 너는 내 앞에서 행하여 완전하라"고 명하셨습니다(창17:1). 전능하신 하나님을 믿는 자는 그 행위가 완전해야 합니다.

창17:1	"아브람이 구십구 세 때에 여호와께서 아브람에게 나타나서 그에게 이르시되 나는 전능한 하나님이라 너는 내 앞

에서 행하여 완전하라"

하나님은 이스라엘 백성에게도 하나님 앞에서 완전하라고 명하셨습니다(신18:13). 하나님의 말씀은 완전하고 순수합니다(시18:30). 하나님은 그가 하신 일이 완전합니다(신32:4). 하나님은 완전한 자에게는 주의 완전하심을 보이십니다(삼하22:26). 그러므로 우리는 그리스도 안에서 완전한 자로 세워져야 합니다(골1:28). 우리는 마음을 하나님께 온전히 바쳐 완전하게 해야 합니다(왕상8:61). 우리는 하나님의 모든 뜻 가운데서 완전하고 확신 있게 서야 합니다(골4:12). 우리는 완전한 길을 주목하고 완전한 마음으로 행해야 합니다(시101:2). 우리는 그리스도의 말씀의 초보를 버리고 완전한 데로 나아가야 합니다(히6:1-2). 우리는 하나님 앞에 완전하여 우리 죄악에서 스스로 자신을 지켜야 합니다(시18:23).

신18:13   "너는 네 하나님 여호와 앞에서 완전하라"

시18:30   "하나님의 도는 완전하고 여호와의 말씀은 순수하니 그는 자기에게 피하는 모든 자의 방패시로다"

신32:4   "그는 반석이시니 그가 하신 일이 완전하고 그의 모든 길이 정의롭고 진실하고 거짓이 없으신 하나님이시니 공의로우시고 바르시도다"

삼하22:26   "자비한 자에게는 주의 자비하심을 나타내시며 완전한 자에게는 주의 완전하심을 보이시며"

골1:28   "우리가 그를 전파하여 각 사람을 권하고 모든 지혜로 각 사람을 가르침은 각 사람을 그리스도 안에서 완전한 자로 세우려 함이니"

왕상8:61	"그런즉 너희의 마음을 우리 하나님 여호와께 온전히 바쳐 완전하게 하여 오늘과 같이 그의 법도를 행하며 그의 계명을 지킬지어다"
골4:12	"그리스도 예수의 종인 너희에게서 온 에바브라가 너희에게 문안하느니라 그가 항상 너희를 위하여 애써 기도하여 너희로 하나님의 모든 뜻 가운데서 완전하고 확신 있게 서기를 구하나니"
시101:2	"내가 완전한 길을 주목하오리니 주께서 어느 때나 내게 임하시겠나이까 내가 완전한 마음으로 내 집 안에서 행하리이다"
히6:1-2	"그러므로 우리가 그리스도의 도의 초보를 버리고 죽은 행실을 회개함과 하나님께 대한 신앙과 세례들과 안수와 죽은 자의 부활과 영원한 심판에 관한 교훈의 터를 다시 닦지 말고 완전한 데로 나아갈지니라"
시18:23	"또한 나는 그의 앞에 완전하여 나의 죄악에서 스스로 자신을 지켰나니"

2) 하나님은 아브라함이 여러 민족의 아버지가 되는 언약을 세우셨습니다.

하나님은 아브라함에게 "내가 내 언약을 나와 너 사이에 두어 너를 크게 번성하게 하리라"고 언약하셨습니다(창17:2). 이에 아브라함이 엎드렸더니 하나님이 또 아브라함에게 "보라 내 언약이 너와 함께 있으니 너는 여러 민족의 아버지가 될지라"고 말씀하시며(창17:3-4), "이제 후로는 내 이름을 아브람이라 하지 아니하고 아브라함이라 하리니 이는 내가 너를 여러 민족의 아버지가 되게 함이니라"고 말씀하셨습니다(창17:5). 하나님은 또 아브라함에게 "내가 너로 심히 번성하게 하리니 내가 네게서 민족들이 나게 하며 왕들이 네게로부터 나오리라"고 말씀하셨습니다(창17:6).

창17:2   "내가 내 언약을 나와 너 사이에 두어 너를 크게 번성 하게 하리라 하시니"

창17:3-4   "아브람이 엎드렸더니 하나님이 또 그에게 말씀하여 이르시되 보라 내 언약이 너와 함께 있으니 너는 여러 민족의 아버지가 될지라"

창17:5   "이제 후로는 네 이름을 아브람이라 하지 아니하고 아브라함이라 하리니 이는 내가 너를 여러 민족의 아버지가 되게 함이니라"

창17:6   "내가 너로 심히 번성하게 하리니 내가 네게서 민족들이 나게 하며 왕들이 네게로부터 나오리라"

하나님은 아브라함에게 크게 번성하게 하리라는 언약을 다시 말씀하셨습니다. 하나님은 창12:2에서 아브라함으로 큰 민족을 이루겠다고 언약하셨으며, 창13:16에서 아브라함의 자손이 땅의 티끌같게 하리라고 언약하셨으며, 창15:5에서 아브라함의 자손이 뭇별과 같게 하리라고 언약하셨습니다. 그런데 하나님이 다시 아브라함을 크게 번성하게 하리라고 언약하신 것은 아브라함이 하나님의 언약을 육신적으로 알았기 때문입니다. 아브라함은 혈육만 생각하며 살았습니다. 아브라함은 이스마엘의 아버지로 만족하며 살았습니다.

그래서 하나님은 아브라함에게 열국의 아버지가 되는 언약을 주
셔서 그 이름을 아브람(큰 아버지)에서 아브라함(열국의 아버지)
이라고 하셨습니다. 하나님은 아브라함이 열국의 아버지가 되기를
원하셨습니다. 하나님은 아브라함을 많은 민족의 조상으로 세우셨
습니다(롬4:17). 그러므로 아브라함은 하나님 앞에서 우리 모든 믿
는 자들의 조상입니다(롬4:16). 믿음으로 말미암은 자들은 아브라
함의 자손입니다(갈3:7). 우리가 그리스도의 것이면 아브라함의 자
손이요 약속대로 유업을 이을 자입니다(갈3:29). 우리는 믿음이 어
릴수록 육신의 사람이 되고 자신이 원하는 사람이 되며, 믿음이 자
랄수록 영의 사람이 되며 하나님이 원하시는 사람이 됩니다.

롬4:17 "기록된 바 내가 너를 많은 민족의 조상으로 세웠다 하심
과 같으니 그가 믿은 바 하나님은 죽은 자를 살리시며 없
는 것을 있는 것으로 부르시는 이시니라"

롬4:16 "그러므로 상속자가 되는 그것이 은혜에 속하기 위하여 믿
음으로 되나니 이는 그 약속을 그 모든 후손에게 굳게 하
려 하심이라 율법에 속한 자에게뿐만 아니라 아브라함의
믿음에 속한 자에게도 그러하니 아브라함은 우리 모든 사
람의 조상이라"

갈3:7 "그런즉 믿음으로 말미암은 자들은 아브라함의 자손인 줄
알지어다"

갈3:29 "너희가 그리스도의 것이면 곧 아브라함의 자손이요 약속
대로 유업을 이을 자니라"

3) 하나님은 아브라함과 그 후손의 하나님이 되시는 언약을 세우셨습니다.

하나님이 아브라함에게 "내가 언약을 나와 너와 네 대대 후손 사이에 세워서 영원한 언약을 삼고 너와 네 후손의 하나님이 되리라. 내가 너와 네 후손에게 너의 우거하는 이 땅 곧 가나안 일경으로 주어 영원한 기업이 되게 하고 나는 그들의 하나님이 되리라"고 말씀하셨습니다.(창17:7-8)

> **창17:7-8** "내가 내 언약을 나와 너 및 네 대대 후손 사이에 세워서 영원한 언약을 삼고 너와 네 후손의 하나님이 되리라 내가 너와 네 후손에게 네가 거류하는 이 땅 곧 가나안 온 땅을 주어 영원한 기업이 되게 하고 나는 그들의 하나님이 되리라"

하나님은 아브라함과 그의 대대 후손 사이에 언약을 세우고, 아브라함과 그 후손에게 가나안 온 땅을 주어 영원한 기업이 되게 하고 아브라함과 그 후손들의 하나님이 되리라고 언약하셨습니다.

하나님은 어떤 자들의 하나님이시며 그들의 하나님이 되시기 위해 어떻게 하실까요? 하나님은 하나님의 목소리를 청종하고 모든 명령을 좇아 행하면 그들의 하나님이 되십니다(렘11:4). 하나님은 하나님을 아는 마음을 주어 전심으로 하나님께 돌아오게 하여 그들의 하나님이 되십니다(렘24:7). 하나님은 한(새) 마음을 주고 그 속에 새 영(성령)을 주며 그 몸에서 굳은 마음을 제하고 부드러운 마음을 주어서 그들의 하나님이 되십니다(겔11:19-20). 하나님은 그의 법을 그들의 속에 두며 그들의 마음에 기록하여 그들의 하나님이 되십니다(렘31:33). 하나님은 그 범죄 한 처소에서 구원하여 정결케 하여 그들의 하나님이 되십니다(겔37:23). 하나님은 그 성소를 그들 가운데에 세워서 그들의 하나님이 되십니다(겔37:26-27). 하나님은 그들 중에 행하여 그들의 하나님이 되십니다(레26:12).

렘11:4   "이 언약은 내가 너희 조상들을 쇠 풀무 애굽 땅에서 이끌어 내던 날에 그들에게 명령한 것이라 곧 내가 이르기를 너희는 내 목소리를 순종하고 나의 모든 명령을 따라 행하라 그리하면 너희는 내 백성이 되겠고 나는 너희의 하나님이 되리라"

렘24:7   "내가 여호와인 줄 아는 마음을 그들에게 주어서 그들이 전심으로 내게 돌아오게 하리니 그들은 내 백성이 되겠고 나는 그들의 하나님이 되리라"

겔11:19-20   "내가 그들에게 한 마음을 주고 그 속에 새 영을 주며 그 몸에서 돌 같은 마음을 제거하고 살처럼 부드러운 마음을 주어 내 율례를 따르며 내 규례를 지켜 행하게 하리니 나는 그들의 하나님이 되리라"

렘31:33   "그러나 그 날 후에 내가 이스라엘 집과 맺을 언약은 이러하니 곧 내가 나의 법을 그들의 속에 두며 그들의 마음에 기록하여 나는 그들의 하나님이 되고 그들은 내 백성이 될것이라 여호와의 말씀이니라"

겔37:23   "그들이 그 우상들과 가증한 물건과 그 모든 죄악으로 더 이상 자신들을 더럽히지 아니하리라 내가 그들을 그 범죄한 모든 처소에서 구원하여 정결하게 한즉 그들은 내 백성이되고 나는 그들의 하나님이 되리라"

겔37:26-27 "내가 그들과 화평의 언약을 세워서 영원한 언약이 되게 하고 또 그들을 견고하고 번성하게 하며 내 성소를 그 가운데에 세워서 영원히 이르게 하리니 내 처소가 그들 가운데에 있을 것이며 나는 그들의 하나님이 되고 그들은 내 백성이 되리라"

레26:12 "나는 너희 중에 행하여 너희의 하나님이 되고 너희는 내 백성이 될 것이니라"

하나님은 하나님을 아는 마음을 주어 전심으로 하나님께 돌아오게 하시고, 새 마음을 주시고 새 영을 주시며 굳은 마음을 제하시고 부드러운 마음을 주시며, 하나님의 법을 속에 두시며 마음에 기록하시며, 그 범죄 한 처소에서 구원하여 정결하게 하시며, 하나님의 성소를 그들 가운데에 세우시며, 그들 가운데에 거하며 두루 행하여 그들의 하나님이 되십니다.

하나님은 그 마음의 뜻한 바를 이루기까지는 그 진노를 쉬지 않으십니다(렘30:24). 그러므로 하나님의 마음의 뜻한 바가 이루어지까지는 하나님의 진노를 받을 수 있습니다. 우리가 이것을 깨달아야 합니다. 그래서 우리는 하나님의 마음에 뜻한 바가 이루어지기를 기도해야 합니다. 또한 우리는 하나님이 우리에게 아버지가 되시고 우리는 하나님에게 자녀가 됨을 알고 믿어야 합니다(고후 6:18).

렘30:24 "여호와의 진노는 그의 마음의 뜻한 바를 행하여 이루기까지는 돌이키지 아니하나니 너희가 끝 날에 그것을 깨달으리라"

고후6:17-18 "너희에게 아버지가 되고 너희는 내게 자녀가 되리라 전능하신 주의 말씀이니라 하셨느니라"

4) 하나님은 아브라함에게 언약의 표징으로 할례를 명하셨습니다.

하나님이 아브라함에게 이르시되 "너는 내 언약을 지키고 네 후손도 대대로 지키라. 너희 중 남자는 다 할례를 받으라. 이것이 나와 너희와 너희 후손 사이에 지킬 내 언약이니라 너희는 포피를 베어라 이것이 나와 너희 사이의 언약의 표징이니라"고 명하셨습니다(창17:9-11). 하나님은 아브라함의 집에 있는 모든 남자는 난지 팔 일 만에 할례를 받으라고 명하셨으며 할례를 받지 아니한 자는 하나님의 언약을 배반하는 자이며 백성 중에서 끊어지리라고 말씀하셨습니다(창17:12-14).

창17:9-11　"하나님이 또 아브라함에게 이르시되 그런즉 너는 내 언약을 지키고 네 후손도 대대로 지키라 너희 중 남자는 다 할례를 받으라 이것이 나와 너희와 너희 후손 사이에 지킬 내 언약이니라 너희는 포피를 베어라 이것이 나와 너희 사이의 언약의 표징이니라"

창17:12-14　"너희의 대대로 모든 남자는 집에서 난 자나 또는 너희 자손이 아니라 이방 사람에게서 돈으로 산 자를 막론하고 난지 팔 일 만에 할례를 받을 것이라 너희 집에서 난 자든지 너희 돈으로 산 자든지 할례를 받아야 하리니 이에 내 언약이 너희 살에 있어 영원한 언약이 되려니와 할례를 받지 아니한 남자 곧 그 포피를 베지 아니한 자는 백성 중에서 끊어지리니 그가 내 언약을 배반하였음이니라"

하나님은 아브라함에게 하나님의 언약을 그와 그 후손이 대대로 지키라고 명하셨습니다. 그리고 하나님은 아브라함에게 언약의 표징으로 할례를 받으라고 명하셨습니다. 아브라함이 할례의 표를 받은 것은 무할례시에 믿음으로 된 의를 인친 것입니다. 이는 아브라함이 무할례자로서 믿는 모든 자의 조상이 되고 또한 할례자의 조상이 된 것입니다. 아브라함은 할례 받은 자에게뿐 아니라 아브라함이 무할례시에 가졌던 믿음의 자취를 따르는 자들에게도 조상이 됩니다(롬4:11-12).

> **롬4:11-12** "그가 할례의 표를 받은 것은 무할례시에 믿음으로 된 의를 인친 것이니 이는 무할례자로서 믿는 모든 자의 조상이 되어 그들도 의로 여기심을 얻게 하려 하심이라 또한 할례자의 조상이 되었나니 곧 할례 받을 자에게뿐 아니라 우리 조상 아브라함이 무할례시에 가졌던 믿음의 자취를 따르는 자들에게도 그러하니라"

할례는 마음에 해야 합니다. 표면적 육신의 할례가 할례가 아닙니다. 할례는 마음에 해야 하며 영에 있고 율법 조문에 있지 아니한 것입니다(롬2:28-29). 하나님은 마음에 할례를 행하라고 명하셨습니다(신10:16). 하나님은 할례를 행하여 마음 가죽을 베고 하나님께 속하라고 명하셨습니다(렘4:4). 하나님은 마음에 할례를 베푸셔서 마음을 다하며 뜻을 다하여 하나님을 사랑하게 하십니다(신30:6).

> **롬2:28-29** "무릇 표면적 유대인이 유대인이 아니요 표면적 육신의 할

례가 할례가 아니라 오직 이면적 유대인이 유대인이며 할례는 마음에 할지니 영에 있고 율법 조문에 있지 아니한 것이라 그 칭찬이 사람에게서가 아니요 다만 하나님에게서니라"

신10:16 "그러므로 너희는 마음에 할례를 행하고 다시는 목을 곧게 하지 말라"

렘4:4 "유다인과 예루살렘 주민들아 너희는 스스로 할례를 행하여 너희 마음 가죽을 베고 나 여호와께 속하라 그리하지 아니하면 너희 악행으로 말미암아 나의 분노가 불 같이 일어나 사르리니 그것을 끌 자가 없으리라"

신30:6 "네 하나님 여호와께서 네 마음과 네 자손의 마음에 할례를 베푸사 너로 마음을 다하며 뜻을 다하여 네 하나님 여호와를 사랑하게 하사 너로 생명을 얻게 하실 것이며"

이스라엘 백성은 몸에 할례를 받았으나 마음에 할례를 받지 못하였습니다(렘9:25-26). 또한 이스라엘 백성은 귀에 할례를 받지 못하였으므로 하나님의 말씀을 듣지 못하였습니다(렘6:10). 이스라엘 백성은 마음과 귀에 할례를 받지 못하였으므로 항상 성령을 거스렸습니다(행7:51). 그리고 이방인들은 마음과 몸에 할례를 받지 못하였습니다(겔44:9).

렘9:25-26 "여호와의 말씀이니라 보라 날이 이르면 할례 받은 자와 할례 받지 못한 자를 내가 다 벌하리니 곧 애굽과 유다와 에돔과 암몬 자손과 모압과 및 광야에 살면서 살쩍을 깎은 자들에게라 무릇 모든 민족은 할례를 받지 못하였고 이스라엘은 마음에 할례를 받지 못하였느니라 하셨느니라"

렘6:10	"내가 누구에게 말하며 누구에게 경책하여 듣게 할꼬 보라 그 귀가 할례를 받지 못하였으므로 듣지 못하는도다 보라 여호와의 말씀을 그들이 자신들에게 욕으로 여기고 즐겨 하지 아니하니"
행7:51	"목이 곧고 마음과 귀에 할례를 받지 못한 사람들아 너희도 너희 조상과 같이 항상 성령을 거스르는도다"
겔44:9	"주 여호와께서 이같이 말씀하셨느니라 이스라엘 족속 중에 있는 이방인 중에 마음과 몸에 할례를 받지 아니한 이방인은 내 성소에 들어오지 못하리라"

할례 받는 것도 아무 것도 아니요 할례 받지 아니하는 것도 아무 것도 아니며 오직 하나님의 계명을 지킬 따름입니다(고전7:19). 율법을 행하면 할례가 유익하나 만일 율법을 범하면 할례가 무할례가 됩니다. 그리고 무할례자가 율법의 규례를 지키면 그 무할례를 할례와 같이 여깁니다(롬2:25-26). 그러므로 할례나 무할례가 아무 것도 아니로되 오직 새로 지으심을 받는 것만이 중요합니다(갈6:15). 그리고 그리스도 안에서는 할례나 무할례나 효력이 없으되 사랑으로써 역사하는 믿음뿐입니다(갈5:6).

고전7:19	"할례 받는 것도 아무 것도 아니요 할례 받지 아니하는 것도 아무 것도 아니로되 오직 하나님의 계명을 지킬 따름이니라"
롬2:25-26	"네가 율법을 행하면 할례가 유익하나 만일 율법을 범하면 네 할례가 무할례가 되느니라 그런즉 무할례자가 율법의 규례를 지키면 그 무할례를 할례와 같이 여길 것이 아니냐"

갈6:15	"할례나 무할례가 아무 것도 아니로되 오직 새로 지으심을 받는 것만이 중요하니라"
갈5:6	"그리스도 예수 안에서는 할례나 무할례나 효력이 없으되 사랑으로써 역사하는 믿음뿐이니라"

우리는 그리스도의 할례를 받았습니다. 그리스도의 할례는 그리스도 안에서 손으로 하지 아니한 할례 곧 육의 몸을 벗는 것입니다(골2:11). 하나님의 성령으로 봉사하며 그리스도 예수로 자랑하고 육체를 신뢰하지 아니하는 자가 곧 그리스도의 할례를 받은 할례파입니다(빌3:3).

골2:11	"또 그 안에서 너희가 손으로 하지 아니한 할례를 받았으니 곧 육의 몸을 벗는 것이요 그리스도의 할례니라"
빌3:3	"하나님의 성령으로 봉사하며 그리스도 예수로 자랑하고 육체를 신뢰하지 아니하는 우리가 곧 할례파라"

5) 하나님은 아브라함에게 사래의 이름을 사라라 하라고 명하셨습니다.

하나님이 또 아브라함에게 이르시되 "네 아내 사래는 이름을 사래라 하지 말고 사라라 하라. 내가 그에게 복을 주어 그로 네게 아들을 낳아주게 하며 내가 그에게 복을 주어 그를 여러 민족의 어머니가 되게 하리니 민족의 여러 왕이 그에게서 나리라"고 말씀하셨습니다(창17:15-16).

창17:15-16 "하나님이 또 아브라함에게 이르시되 네 아내 사래는 이름을 사래라 하지 말고 사라라 하라 내가 그에게 복을 주어 그가 네게 아들을 낳아 주게 하며 내가 그에게 복을 주어 그를 여러 민족의 어머니가 되게 하리니 민족의 여러 왕이 그에게서 나리라"

아브라함의 이름을 아브람이라 하지 아니하고 아브라함이라 하신 하나님은 아브라함에게 그의 아내 사래의 이름을 사래라 하지 말고 사라라 하라고 명하셨습니다. 그리고 하나님은 사라에게 복을 주어 그가 아브라함에게 아들을 낳아 주게 하시겠다고 약속하셨습니다. 또한 하나님은 사라에게 복을 주어 여러 민족의 어머니가 되게 하시므로 민족의 여러 왕이 그에게서 나리라고 약속하셨습니다.

아브라함은 그의 아내 사라가 아들을 낳을 수 없는 줄로 알고 있었습니다. 그래서 하나님은 먼저 아브라함에게 그의 아내 사라가 그에게 아들을 낳아 주게 하시겠다고 약속하신 것입니다. 아브람을 아브라함으로 변화시킨 하나님은 사래를 사라로 변화시켜 이삭을 주시려 하셨습니다. 또한 아브라함을 여러 민족의 아버지가 되게 하신 하나님은 사라를 여러 민족의 어머니가 되게 하셔서 이삭을 주시려 하셨습니다. 하나님은 아브라함과 사라가 온전한 믿음을 갖도록 그들을 변화시키시고 이삭을 주셨습니다.

6) 아브라함은 이스마엘이나 하나님 앞에 살기를 원했습니다.

하나님께서 사라가 아브라함의 아들을 낳으리라고 말씀하실 때 아브라함이 엎드려 웃으며 마음속으로 이르되 "백 세 된 사람이 어찌 자식을 낳을까 사라는 구십 세니 어찌 출산하리요" 하였습니다. 그리고 아브라함이 하나님께 아뢰되 "이스마엘이나 하나님 앞에 살기를 원하나이다" 하였습니다(창17:17-18).

> **창17:17-18** "아브라함이 엎드려 웃으며 마음속으로 이르되 백 세 된 사람이 어찌 자식을 낳을까 사라는 구십 세니 어찌 출산 하리요 하고 아브라함이 이에 하나님께 아뢰되 이스마엘 이나 하나님 앞에 살기를 원하나이다"

이때 아브라함은 하나님을 믿었으나 하나님의 전능하심을 믿지 못했습니다. 아브라함은 하나님의 전능하심을 보는 것이 아니라 자신과 사라의 육체의 힘을 보았습니다. 그래서 아브라함은 백 세 된 자기가 어떻게 자식을 낳으며 구십 세인 사라가 어떻게 출산을 하겠느냐고 마음속으로 생각하며 엎드려 웃었습니다. 그리고 아브라함은 13세 된 이스마엘이나 하나님 앞에 살기를 원하였습니다.

아브라함의 믿음은 온전한 믿음은 아니었습니다. 아브라함은 99세까지도 전능하신 하나님을 믿지 못했습니다. 하나님은 아브라함으로 전능하신 하나님을 믿게 하신 후에 그에게 이삭을 주셨습니다.

7) 하나님은 사라가 낳을 이삭과 언약을 세우리라고 말씀하셨습니다.

하나님이 아브라함에게 말씀하시되 "아니라 네 아내 사라가 정녕 네게 아들을 낳으리니 너는 그 이름을 이삭이라 하라. 내가 그와 내 언약을 세우리니 그의 후손에게 영원한 언약이 되리라"고 약속하셨습니다(창17:19). 그리고 하나님은 이스마엘이나 살기를 원하는 아브라함의 말을 들으시고 "이스마엘에 대하여는 내가 네 말을 들었나니 내가 그에게 복을 주어 그를 매우 크게 생육하고 번성하게 하리라 그가 열두 두령을 낳으리니 내가 그를 큰 나라가 되게 하려니와"라고 말씀하시고(창17:20), "내 언약은 내가 내년 이 시기에 사라가 네게 낳을 이삭과 세우리라"고 말씀하셨습니다(창17:21). 그리고 하나님이 아브라함과 말씀을 마치시고 그를 떠나 올라가셨습니다(창17:22).

> **창17:19** "하나님이 이르시되 아니라 네 아내 사라가 네게 아들을 낳으리니 너는 그 이름을 이삭이라 하라 내가 그와 내 언약을 세우리니 그의 후손에게 영원한 언약이 되리라"
>
> **창17:20** "이스마엘에 대하여는 내가 네 말을 들었나니 내가 그에게 복을 주어 그를 매우 크게 생육하고 번성하게 할지라 그가 열두 두령을 낳으리니 내가 그를 큰 나라가 되게 하려니와"
>
> **창17:21** "내 언약은 내가 내년 이 시기에 사라가 네게 낳을 이삭과 세우리라"
>
> **창17:22** "하나님이 아브라함과 말씀을 마치시고 그를 떠나 올라가셨더라"

아브라함은 이스마엘을 그의 상속자로 여겼습니다. 그래서 아브라함은 이스마엘이나 살기를 원했습니다. 그러나 하나님은 사라가 아브라함에게 내년 이 시기에 아들을 낳을 것을 말씀하시며 그와 언약을 세우리라고 말씀하셨습니다. 하나님은 사라가 낳을 아들의 이름(이삭)과 시기(내년 이 시기에)를 구체적으로 말씀하셨습니다.

그리고 하나님은 이스마엘에 대하여는 아브라함의 말을 들으시고 그에게 복을 주어 그를 매우 크게 생육하고 번성하게 하리라고 말씀하시며 그가 열두 두령을 낳을 것이며 그를 큰 나라가 되게 하리라고 말씀하셨습니다.

육신(혈통)으로는 하나님께서 아브라함에게 이삭으로 하신 언약이나 이스마엘로 하신 언약이 같습니다. 혈통으로는 이스마엘의 자손이 이삭의 자손보다 많습니다. 이스마엘은 열두 아들을 낳았지만 이삭은 에서와 야곱을 낳았으며 야곱만 이삭의 아들로 하나님께 선택받았습니다. 그리고 야곱의 열두 아들이 하나님의 선택을 받았지만 이스라엘 자손이 바다의 모래와 같이 많을지라도 남은 자만 구원을 받습니다(사10:22). 하나님이 아브라함에게 약속하신 자녀는 그의 혈통의 자손이 아니라 예수님을 믿고 구원받은 자들입니다. 그리고 예수님을 믿고 구원받은 자들이 아무도 능히 셀 수 없는 큰 무리가 됩니다(계7:9).

사10:22   "이스라엘이여 네 백성이 바다의 모래 같을지라도 남은 자만 돌아오리니 넘치는 공의로 파멸이 작정되었음이라"

계7:9   "이 일 후에 내가 보니 각 나라와 족속과 백성과 방언에서 아무도 능히 셀 수 없는 큰 무리가 나와 흰 옷을 입고 손에 종려 가지를 들고 보좌 앞과 어린 양 앞에 서서"

8) 아브라함은 할례를 받았습니다.

하나님이 아브라함에게 말씀하신 대로 이 날에 아브라함과 그 아들 이스마엘과 그 집의 모든 남자가 다 함께 할례를 받았습니다. 아브라함이 그 양피를 벤 때는 99세였고 그 아들 이스마엘이 그 양피를 벤 때는 13세였습니다(창17:23-27).

> **창17:23-27** "이에 아브라함이 하나님이 자기에게 말씀하신 대로 이 날에 그 아들 이스마엘과 집에서 태어난 모든 자와 돈으로 산 모든 자 곧 아브라함의 집 사람 중 모든 남자를 데려다가 그 포피를 베었으니 아브라함이 그 포피를 벤 때는 구십구 세였고 그의 아들 이스마엘이 그의 포피를 벤 때는 십삼 세였더라 그 날에 아브라함과 그 아들 이스마엘이 할례를 받았고 그 집의 모든 남자 곧 집에서 태어난 자와 돈으로 이방 사람에게서 산 자가 다 그와 함께 할례를 받았더라"

아브라함은 하나님의 언약을 믿고 하나님이 말씀하신 대로 할례를 받았습니다. 아브라함과 그 아들 이스마엘과 그 집의 모든 남자가 다 할례를 받았습니다. 아브라함이 할례를 받은 것은 하나님의 언약을 믿고 온전히 순종한 것입니다. 아브라함은 죽은 자를 살리시며 없는 것을 있는 것으로 부르시는 하나님을 믿었습니다(롬4:17). 아브라함은 바랄 수 없는 중에 바라고 믿었습니다(롬4:18). 아브라함은 전능하신 하나님을 믿음으로 자기 몸의 죽은 것 같음과 사라의 태의 죽은 것 같음을 알고도 하나님의 언약대로 사라가 이삭을 낳을 것을 믿었습니다(롬4:19-22). 아브라함의 믿음이 온전해졌습니다. 로마서에는 아브라함의 온전한 믿음만 기록했습니다.

롬4:17 "기록된 바 내가 너를 많은 민족의 조상으로 세웠다 하심
과 같으니 그가 믿은 바 하나님은 죽은 자를 살리시며 없
는 것을 있는 것으로 부르시는 이시니라"

롬4:18 "아브라함이 바랄 수 없는 중에 바라고 믿었으니 이는 네
후손이 이같으리라 하신 말씀대로 많은 민족의 조상이 되
게하려 하심이라"

롬4:19-22 "그가 백 세나 되어 자기 몸이 죽은 것 같고 사라의 태가
죽은 것 같음을 알고도 믿음이 약하여지지 아니하고 믿음
이 없어 하나님의 약속을 의심하지 않고 믿음으로 견고하
여져서 하나님께 영광을 돌리며 약속하신 그것을 또한 이
루실 줄을 확신하였으니 그러므로 그것이 그에게 의로 여
겨졌느니라"

2. 아브라함에게 사람으로 나타나신 하나님

창18장에서 하나님이 사람으로 나타나 아브라함에게 찾아오셨습
니다. 하나님께서 마므레의 상수리나무들이 있는 곳에서 아브라함
에게 나타나셨습니다. 날이 뜨거울 때에 아브라함이 장막 문에 앉
아 있다가 눈을 들어 본즉 사람 셋이 맞은편에 서 있었습니다(창
18:1-2). 세 사람 중 두 사람은 천사이며 한 사람은 하나님(예수님)
이셨습니다(창18:22). 두 천사는 소돔으로 가서 소돔과 고모라를
불로 멸망시키는 일을 하였습니다(창19:1).

창18:1-2 "여호와께서 마므레의 상수리나무들이 있는 곳에서 아브라함에게 나타나시니라 날이 뜨거울 때에 그가 장막 문에 앉아 있다가 눈을 들어 본즉 사람 셋이 맞은편에 서 있는지라"

창18:22 "그 사람들이 거기서 떠나 소돔으로 향하여 가고 아브라함은 여호와 앞에 그대로 섰더니"

창19:1 "저녁 때에 그 두 천사가 소돔에 이르니 마침 롯이 소돔 성문에 앉아 있다가 그들을 보고 일어나 영접하고 땅에 엎드려 절하며"

하나님이 우리에게 나타내십니다. 성부, 성자, 성령 하나님이 예수님을 사랑하여 그의 말씀을 지키는 우리에게 오셔서 거처를 우리와 함께 하십니다(요14:23). 그리고 우리가 예수님을 사랑하면 예수님도 우리를 사랑하여 우리에게 자기를 나타내십니다(요14:21). 또한 우리에게 유익하게 하시려고 성령을 나타내십니다(고전12:7). 하나님이 예수님을 다시 살리시고 미리 택하신 증인들에게 나타내셨습니다(행10:40-41). 하나님이 예수님을 우리 속(마음)에 나타내십니다(갈1:16).

요14:23 "예수께서 대답하여 이르시되 사람이 나를 사랑하면 내 말을 지키리니 내 아버지께서 그를 사랑하실 것이요 우리가 그에게 가서 거처를 그와 함께 하리라"

요14:21 "나의 계명을 지키는 자라야 나를 사랑하는 자니 나를 사랑하는 자는 내 아버지께 사랑을 받을 것이요 나도 그를 사랑하여 그에게 나를 나타내리라"

고전12:7	"각 사람에게 성령을 나타내심은 유익하게 하려 하심이라"
행10:40-42	"하나님이 사흘 만에 다시 살리사 나타내시되 모든 백성에게 하신 것이 아니요 오직 미리 택하신 증인 곧 죽은 자 가운데서 부활하신 후 그를 모시고 음식을 먹은 우리에게 하신 것이라"
갈1:16	"그의 아들을 이방에 전하기 위하여 그를 내 속에 나타내시기를 기뻐하셨을 때에 내가 곧 혈육과 의논하지 아니하고"

1) 아브라함이 하나님과 천사를 영접하고 대접하였습니다.

아브라함이 맞은편에 서 있는 사람 셋을 보자 달려 나가 영접하며 몸을 땅에 굽혀 이르되 "내 주여 내가 주께 은혜를 입었사오면 원하건대 종을 떠나 지나가지 마시옵고 물을 조금 가져오게 하사 당신들의 발을 씻으시고 나무 아래에서 쉬소서 내가 떡을 조금 가져오리니 당신들의 마음을 상쾌하게 하신 후에 지나가소서 당신들이 종에게 오셨음이니이다" 하였습니다. 그들이 이르되 "네 말대로 하라" 하였습니다(창18:2-5). 이에 아브라함이 급히 장막으로 가서 사라에게 이르되 "속히 고운 가루 세 스아를 가져다가 반죽하여 떡을 만들라" 하고 아브라함이 또 가축 떼 있는 곳으로 달려가서 기름지고 좋은 송아지를 잡아 하인에게 주니 그가 급히 요리하였습니다(창18:6-7). 아브라함이 엉긴 젖과 우유와 하인이 요리한 송아지를 가져다가 그들 앞에 차려 놓고 나무 아래에 모셔 서매 그들이 먹었습니다(창18:8).

창18:2–5 "눈을 들어 본즉 사람 셋이 맞은편에 서 있는지라 그가 그
들을 보자 곧 장막 문에서 달려 나가 영접하며 몸을 땅에
굽혀 이르되 내 주여 내가 주께 은혜를 입었사오면 원하
건대 종을 떠나 지나가지 마시옵고 물을 조금 가져오게
하사 당신들의 발을 씻으시고 나무 아래에서 쉬소서 내가
떡을 조금 가져오리니 당신들의 마음을 상쾌하게 하신 후
에 지나가소서 당신들이 종에게 오셨음이니이다 그들이
이르되 네 말대로 하라"

창18:6–7 "아브라함이 급히 장막으로 가서 사라에게 이르되 속히 고
운 가루 세 스아를 가져다가 반죽하여 떡을 만들라 하고
아브라함이 또 가축 떼 있는 곳으로 달려가서 기름지고
좋은 송아지를 잡아 하인에게 주니 그가 급히 요리한지
라"

창18:8   "아브라함이 엉긴 젖과 우유와 하인이 요리한 송아지를 가
져다가 그들 앞에 차려 놓고 나무 아래에 모셔 서매 그들
이 먹으니라"

예수님을 영접하는 자는 하나님의 자녀가 됩니다. 예수님이 자기
(유대) 땅에 오시매 자기 백성(유대인)이 영접하지 않았습니다(요
11:11). 그러나 예수님을 영접하는 자 곧 그 이름을 믿는 자들에게
는 하나님의 자녀가 되는 권세를 주셨습니다(요1:12). 우리가 예수
님의 음성을 듣고 문을 열면 예수님이 우리에게로 들어오셔서 우
리와 더불어 드십니다(계3:20). 그리고 예수님이 보낸 자를 영접하
는 자는 예수님을 영접하는 것입니다(요13:20). 갈라디아 지방 교

회들의 성도들은 사도 바울을 하나님의 천사와 같이 또는 그리스도 예수와 같이 영접하였습니다(갈4:14). 또한 예수 이름으로 어린 아이(약한 자) 하나를 영접하면 곧 예수님을 영접하는 것입니다(막 9:37).

요1:11   "자기 땅에 오매 자기 백성이 영접하지 아니하였으나"

요1:12   "영접하는 자 곧 그 이름을 믿는 자들에게는 하나님의 자녀가 되는 권세를 주셨으니"

계3:20   "볼지어다 내가 문 밖에 서서 두드리노니 누구든지 내 음성을 듣고 문을 열면 내가 그에게로 들어가 그와 더불어 먹고 그는 나와 더불어 먹으리라"

요13:20   "내가 진실로 진실로 너희에게 이르노니 내가 보낸 자를 영접하는 자는 나를 영접하는 것이요 나를 영접하는 자는 나를 보내신 이를 영접하는 것이니라"

갈4:14   "너희를 시험하는 것이 내 육체에 있으되 이것을 너희가 업신여기지도 아니하며 버리지도 아니하고 오직 나를 하나님의 천사와 같이 또는 그리스도 예수와 같이 영접하였도다"

막9:37   "누구든지 내 이름으로 이런 어린 아이 하나를 영접하면 곧 나를 영접함이요 누구든지 나를 영접하면 나를 영접함이 아니요 나를 보내신 이를 영접함이니라"

아브라함과 롯은 손님을 대접함으로 부지중에 천사들을 대접하였습니다(히13:2). 우리는 손님 대접하기를 힘써야 합니다(롬 12:13). 우리는 서로 대접하기를 원망 없이 해야 합니다(벧전4:9).

남에게 대접을 받고자 하는 대로 남을 대접하는 것이 율법이요 선지자입니다(마7:12).

히13:2 "손님 대접하기를 잊지 말라 이로써 부지중에 천사들을 대접한 이들이 있느니라"

롬12:13 "성도들의 쓸 것을 공급하며 손 대접하기를 힘쓰라"

벧전4:9 "서로 대접하기를 원망 없이 하고"

마7:12 "그러므로 무엇이든지 남에게 대접을 받고자 하는 대로 너희도 남을 대접하라 이것이 율법이요 선지자니라"

2) 하나님이 아브라함에게 그의 아내 사라에게 아들이 있으리라고 언약하셨습니다.

대접을 받은 그들이 아브라함에게 "네 아내 사라가 어디 있느냐"고 물었으며 아브라함이 "장막에 있나이다"라고 대답했습니다(창18:9). 이에 그(여호와)가 이르시되 "내년 이맘때 내가 반드시 네게로 돌아오리니 네 아내 사라에게 아들이 있으리라" 하셨고 사라가 그 뒤 장막 문에서 들었습니다(창18:10). 그런데 아브라함과 사라는 나이 많아 늙었고 사라에게는 여성의 생리가 끊어졌습니다. 그래서 사라가 속으로 웃고 이르되 "내가 노쇠하였고 내 주인도 늙었으니 내게 무슨 즐거움이 있으리요?" 하였습니다(창18:11-12). 그때 여호와께서 아브라함에게 이르시되 "사라가 왜 웃으며 이르기를 '내가 늙었거늘 어떻게 아들을 낳으리요' 하느냐 여호와께 능치 못할 일이 있겠느냐 기한이 이를 때에 내가 네게로 돌아오리니

사라에게 아들이 있으리라" 하셨습니다(창18:13-14). 이에 사라
가 두려워서 부인하여 이르되 "내가 웃지 아니 하였나이다" 하였으
며 여호와께서 말씀하시기를 "아니라 네가 웃었느니라" 하셨습니
다.(창18:15)

창18:9	"그들이 아브라함에게 이르되 네 아내 사라가 어디 있느냐 대답하되 장막에 있나이다"
창18:10	"그가 이르시되 내년 이맘때 내가 반드시 네케로 돌아오리니 네 아내 사라에게 아들이 있으리라 하시니 사라가 그 뒤 장막 문에서 들었더라"
창18:11-12	"아브라함과 사라는 나이가 많아 늙었고 사라에게는 여성의 생리가 끊어졌는지라 사라가 속으로 웃고 이르되 내가 노쇠하였고 내 주인도 늙었으니 내게 무슨 즐거움이 있으리요"
창18:13-14	"여호와께서 아브라함에게 이르시되 사라가 왜 웃으며 이르기를 내가 늙었거늘 어떻게 아들을 낳으리요 하느냐 여호와께 능하지 못한 일이 있겠느냐 기한이 이를 때에 내가 네게로 돌아오리니 사라에게 아들이 있으리라"
창18:15	"사라가 두려워서 부인하여 이르되 내가 웃지 아니하였나이다 이르시되 아니라 네가 웃었느니라"

하나님은 아브라함에게 사라가 어디 있느냐고 물으셨습니다. 이
때 아브라함은 하나님을 영접했으나 사라는 하나님을 영접하지 못
했기 때문입니다. 그리고 하나님은 아브라함에게 내년 이맘때 사라
에게 아들이 있으리라고 언약하셨습니다. 이때 아브라함의 믿음은

온전했으나 사라의 믿음은 온전하지 못했기 때문입니다. 사라는 아브라함이 늙고 자신도 노쇠하였음을 알기에 속으로 웃고 아들을 낳을 수 없음을 말했습니다. 이에 하나님은 아브라함에게 사라가 왜 웃으며 늙어서 아들을 낳지 못하리라고 하느냐 하시며 책망하셨습니다. 하나님은 믿지 못하는 사라를 책망하시지 아니하고 믿음이 있는 아브라함을 책망하셨습니다. 그리고 하나님은 아브라함에게 하나님은 능하지 못한 일이 없음을 말씀하시고 기한이 이를 때에 하나님이 아브라함에게로 돌아오시며 사라에게 아들이 있으리라고 약속하셨습니다. 이에 하나님의 말씀을 들은 사라가 두려워하여 내가 웃지 아니하였다고 부인했습니다. 그러나 하나님은 사라가 웃었느니라고 말씀하셨습니다. 사라는 속으로 웃었기에 웃지 아니했다고 부인했습니다. 그러나 하나님은 속으로 웃는 것까지 다 아시기에 사라가 웃었다고 말씀하셨습니다.

아브라함은 하나님께서 이삭을 주실 것을 믿었으나 사라는 믿지 못했습니다. 그래서 하나님께서 사람으로 나타나 오셔서 사라로 믿게 하셨습니다. 아브라함과 사라의 믿음이 같아야 했습니다. 사라는 약속하신 이를 미쁘신 줄 알고 믿음으로 잉태하는 힘을 얻었습니다(히11:11). 그리고 죽은 자와 같은 사라 한 사람으로 말미암아 하늘의 허다한 별과 또 해변의 무수한 모래와 같이 많은 후손이 생육하였습니다(히11:12).

히11:11	"믿음으로 사라 자신도 나이가 많아 단산하였으나 잉태할 수 있는 힘을 얻었으니 이는 약속하신 이를 미쁘신 줄 알았음이라"
히11:12	"이러므로 죽은 자와 같은 한 사람으로 말미암아 하늘의 허다한 별과 또 해변의 무수한 모래와 같이 많은 후손이 생육하였느니라"

하나님(예수님)은 아브라함에게 "내가 반드시 네게로 돌아오리니 내 아내 사라에게 아들이 있으리라"고 말씀하셨습니다(창18:10, 14). 사라가 아들을 낳을 때 하나님(예수님)이 영으로 아브라함에게 오신 것입니다. 예수님은 "아브라함은 나의 때 볼 것을 즐거워하다가 보고 기뻐하였느니라"고 말씀하셨습니다(요8:56). 아브라함은 예수님이 오실 때 볼 것을 즐거워하다가 오신 것을 보고 기뻐하였습니다.

창18:10	"그가 이르시되 내년 이맘때 내가 반드시 네게로 돌아오리니 네 아내 사라에게 아들이 있으리라 하시니 사라가 그 뒤 장막 문에서 들었더라"
창18:14	"여호와께 능하지 못한 일이 있겠느냐 기한이 이를 때에 내가 네게로 돌아오리니 사라에게 아들이 있으리라"
요8:56	"너희 조상 아브라함은 나의 때 볼 것을 즐거워하다가 보고 기뻐하였느니라"

3. 소돔과 고모라를 멸하신 하나님

아브라함을 찾아온 사람들이 소돔으로 향하고 아브라함은 그들을 전송하려고 함께 나갔습니다(창18:16). 그때 여호와께서 이르시되 "내가 하려는 것을 아브라함에게 숨기겠느냐 아브라함은 강대한 나라가 되고 천하 만민은 그로 말미암아 복을 받게 될 것이 아니냐"고 하시며(창18:17-18), "내가 그로 그 자식과 권속에게 명하여 여호와의 도를 지켜 의와 공도를 행하게 하려고 그를 택하였나니 이는 나 여호와가 아브라함에게 대하여 말한 일을 이루려 함이니라"고 하셨습니다(창18:19).

> 창18:16　　 "그 사람들이 거기서 일어나서 소돔으로 향하고 아브라함은 그들을 전송하러 함께 나가니라"
>
> 창18:17-18 "여호와께서 이르시되 내가 하려는 것을 아브라함에게 숨기겠느냐 아브라함은 강대한 나라가 되고 천하 만민은 그로 말미암아 복을 받게 될 것이 아니냐"
>
> 창18:19　　 "내가 그로 그 자식과 권속에게 명령하여 여호와의 도를 지켜 의와 공도를 행하게 하려고 그를 택하였나니 이는 나 여호와가 아브라함에게 대하여 말한 일을 이루려 함이니라"

하나님은 하시려는 일을 아브라함에게 숨기지 아니하셨습니다. 이는 아브라함은 강대한 나라가 되고 천하 만민은 그로 말미암아 복을 받게 될 것이었기 때문입니다. 그리고 하나님은 아브라함에게 대하여 말한 일을 이루셨습니다.

하나님은 부르짖는 자에게 응답하시고 크고 비밀한 일을 그에게 보이십니다(렘33:3). 하나님은 자기의 비밀을 그 종 선지자들에게 반드시 보이고 행하셨습니다(암3:7). 아브라함도 선지자였습니다 (창20:7).

예수님은 반드시 속히 일어날 일들을 그 종들에게 보이시려고 그의 천사를 그 종 요한에게 보내어 알게 하셨습니다(계1:1).

렘33:3   "너는 내게 부르짖으라 내가 네게 응답하겠고 네가 알지 못하는 크고 비밀한 일을 네게 보이리라"

암3:7   "주 여호와께서는 자기의 비밀을 그 종 선지자들에게 보이지 아니하시고는 결코 행하심이 없느니라"

창20:7   "이제 그 사람의 아내를 돌려보내라 그는 선지자라 그가 너를 위하여 기도하리니 네가 살려니와 네가 돌려보내지 아니하면 너와 네게 속한 자가 다 반드시 죽을 줄 알지니라"

계1:1   "예수 그리스도의 계시라 이는 하나님이 그에게 주사 반드시 속히 일어날 일들을 그 종들에게 보이시려고 그의 천사를 그 종 요한에게 보내어 알게 하신 것이라"

하나님은 아브라함에게 그를 택하신 목적을 말씀하셨습니다. 하나님은 아브라함으로 그 자식과 권속에게 명하여 여호와의 도를 지켜 의와 공도를 행하게 하려고 그를 택하셨습니다. 온전한 믿음이 있는 자는 하나님이 택하신 목적을 알고 살아갑니다.

하나님이 우리를 성령의 거룩하게 하심과 진리를 믿음으로 구원을 받게 하시려고 택하셨습니다(살후2:13). 하나님이 우리를 성령이 거룩하게 하심으로 순종함과 예수 그리스도의 피 뿌림을 얻기 위하여 택하셨습니다(벧전1:2). 하나님이 우리를 그 앞에 거룩하고 흠이 없게 하시려고 택하셔서 예수 그리스도로 말미암아 자기의 아들들이 되게 하셨습니다(엡1:4-5). 하나님이 우리를 믿음에 부요하게 하셔서 천국을 상속으로 받게 하시려고 택하셨습니다(약2;5). 그리고 하나님의 택하심을 받은 자들은 예수님과 함께 있는 진실한 자들입니다(계17:14). 하나님이 택하신 자들은 믿음과 경건함에 속한 진리의 지식과 영생의 소망이 있습니다(딛1:1-2).

살후2:13　"주께서 사랑하시는 형제들아 우리가 항상 너희에 관하여 마땅히 하나님께 감사할 것은 하나님이 처음부터 너희를 택하사 성령의 거룩하게 하심과 진리를 믿음으로 구원을 받게 하심이니"

벧전1:2　"곧 하나님 아버지의 미리 아심을 따라 성령이 거룩하게 하심으로 순종함과 예수 그리스도의 피 뿌림을 얻기 위하여 택하심을 받은 자들에게 편지하노니 은혜와 평강이 너희에게 더욱 많을지어다"

엡1:4-5　"곧 창세 전에 그리스도 안에서 우리를 택하사 우리로 사랑 안에서 그 앞에 거룩하고 흠이 없게 하시려고 그 기쁘신 뜻대로 우리를 예정하사 예수 그리스도로 말미암아 자기의 아들들이 되게 하셨으니"

약2:5　"내 사랑하는 형제들아 들을지어다 하나님이 세상에서 가난한 자를 택하사 믿음에 부요하게 하시고 또 자기를 사랑하는 자들에게 약속하신 나라를 상속으로 받게 하지 아니하셨느냐"

계17:14 "그들이 어린 양과 더불어 싸우려니와 어린 양은 만주의 주시오 만왕의 왕이시므로 그들을 이기실 터이요 또 그와 함께 있는 자들 곧 부르심을 받고 택하심을 받은 진실한 자들도 이기리로다"

딛1:1-2 "하나님의 종이요 예수 그리스도의 사도인 나 바울이 사도 된 것은 하나님이 택하신 자들의 믿음과 경건함에 속한 진리의 지식과 영생의 소망을 위함이라 이 영생은 거짓이 없으신 하나님이 영원전부터 약속하신 것인데"

1) 하나님은 아브라함에게 소돔과 고모라의 죄악을 말씀하셨습니다.

여호와께서 또 아브라함에게 이르시되 "소돔과 고모라에 대한 부르짖음이 크고 그 죄악이 심히 무거우니 내가 이제 내려가서 그 모든 행한 것이 과연 내게 들린 부르짖음과 같은지 그렇지 않은지 내가 보고 알려 하노라" 하셨습니다(창18:20-21).

창18:20-21 "여호와께서 또 이르시되 소돔과 고모라에 대한 부르짖음 이 크고 그 죄악이 심히 무거우니 내가 이제 내려가서 그 모든 행한 것이 과연 내게 들린 부르짖음과 같은지 그렇 지 않은지 내가 보고 알려 하노라"

소돔 사람은 악하여 하나님 앞에 큰 죄인이었습니다(창13:13). 소돔과 고모라의 죄악이 심히 무겁고 그들에 대한 부르짖음이 컸습니다. 소돔 사람들에 대한 부르짖음이 하나님 앞에 크므로 하나님께서 소돔을 멸하시려고 그 천사들을 보내셨습니다(창19:13).

창13:13　"소돔 사람은 여호와 앞에 악하며 큰 죄인이었더라"

창19:13　"그들에 대한 부르짖음이 여호와 앞에 크므로 여호와께서 이곳을 멸하시려고 우리를 보내셨나니 우리가 멸하리라"

온전한 믿음이 있는 자는 이 세상의 죄악을 압니다. 우리는 이 세상의 죄악을 알아야 합니다. 이스라엘 자손의 죄는 소돔과 같았으며(사3:9), 예루살렘 선지자들은 소돔 사람과 다름이 없었고 그 주민은 고모라와 다름이 없었으며(렘23:14), 이스라엘과 예루살렘의 죄는 소돔보다 더 컸습니다(애4:6, 겔16:48). 그리고 세상 마지막은 롯의 때와 같고(눅17:28-29), 노아의 때와 같게 됩니다(눅17:26-27).

사3:9　"그들의 안색이 불리하게 증거하며 그들의 죄를 말해 주고 숨기지 못함이 소돔과 같으니 그들의 영혼에 화가 있을진저 그들이 재앙을 자취하였도다"

렘23:14　"내가 예루살렘 선지자들 가운데도 가증한 일을 보았나니 그들은 간음을 행하며 거짓을 말하며 악을 행하는 자의 손을 강하게 하여 사람으로 그 악에서 돌이킴이 없게 하였은즉 그들은 다 내 앞에서 소돔과 다름이 없고 그 주민은 고모라와 다름이 없느니라"

애4:6　"전에 소돔이 사람의 손을 대지 아니하였는데도 순식간에 무너지더니 이제는 딸 내 백성의 죄가 소돔 죄악보다 무겁도다"

겔16:48　"주 여호와의 말씀이니라 내가 나의 삶을 두고 맹세하노니 네 아우 소돔 곧 그와 그의 딸들은 너와 네 딸들의 행위 같이 행하지 아니하였느니라"

눅17:28-29 "또 롯의 때와 같으리니 사람들이 먹고 마시고 사고 팔고 심고 집을 짓더니 롯이 소돔에서 나가던 날에 하늘로부터 불과 유황이 비오듯 하여 그들을 멸망시켰느니라"

눅17:26-27 "노아의 때에 된 것과 같이 인자의 때에도 그러하리라 노아가 방주에 들어가던 날까지 사람들이 먹고 마시고 장가 들고 시집가더니 홍수가 나서 그들을 다 멸망시켰으며"

온 세상은 악한 자(마귀) 안에 처한 것입니다(요일5:19). 세상에 있는 모든 것이 육신의 정욕과 안목의 정욕과 이생의 자랑입니다(요일2:16). 그러므로 성령님이 오셔서 죄에 대하여 세상을 책망하십니다(요16:8-9). 우리는 세상의 죄를 알고 세상이나 세상에 있는 것들을 사랑하지 말아야 합니다(요일2:15). 세상 마지막에는 세상 사람들(바벨론)의 죄가 하늘에 사무치며 하나님은 그의 불의한 일을 기억하실 것입니다(계18:5). 그러므로 우리는 세상 사람들의 죄에 참여하지 말고 그가 받을 재앙들을 받지 말아야 합니다(계18:4).

요일5:19 "또 아는 것은 우리는 하나님께 속하고 온 세상은 악한 자 안에 처한 것이며"

요일2:16 "이는 세상에 있는 모든 것이 육신의 정욕과 안목의 정욕과 이생의 자랑이니 다 아버지께로부터 온 것이 아니요 세상으로부터 온 것이라"

요16:8-9 "그가 와서 죄에 대하여, 의에 대하여, 심판에 대하여 세상을 책망하시리라 죄에 대하여라 함은 그들이 나를 믿지 아니함이요"

요일2:15 "이 세상이나 세상에 있는 것들을 사랑하지 말라 누구든지 세상을 사랑하면 아버지의 사랑이 그 안에 있지 아니하니"

계18:5   "그의 죄는 하늘에 사무쳤으며 하나님은 그의 불의한 일을 기억하신지라"

계18:6   "또 내가 들으니 하늘로부터 다른 음성이 나서 이르되 내 백성아, 거기서 나와 그의 죄에 참여하지 말고 그가 받을 재앙들을 받지 말라"

2) 아브라함은 소돔 성읍을 위하여 기도했습니다.

세 사람 중 두 천사는 거기서 떠나 소돔으로 향하고 아브라함은 여호와 앞에 그대로 서 있었습니다(창18:22). 아브라함이 여호와께 가까이 나아가 이르되 "주께서 의인을 악인과 함께 멸하려 하시나이까 그 성중에 의인 오십 명이 있을지라도 주께서 그곳을 멸하시고 그 오십 의인을 위하여 용서하지 아니 하시리까"하며, "주께서 이같이 하사 의인을 악인과 함께 죽이심은 부당하오며 의인과 악인을 같이 하심도 부당하나이다 세상을 심판하시는 이가 정의를 행하실 것이 아니니이까" 하였습니다(창18:23-25). 이에 여호와께서 이르시되 "내가 만일 소돔 성읍 가운데에서 의인 오십 명을 찾으면 그들을 위하여 온 지역을 용서하리라"고 하셨습니다(창18:26). 아브라함이 대답하여 이르되 "나는 티끌이나 재와 같사오나 감히 주께 아뢰나이다 오십 의인 중에 오 명이 부족하다면 그 오 명이 부족함으로 말미암아 온 성읍을 멸하시리이까" 하였고, 하나님이 이르시되 "내가 거기서 사십오 명을 찾으면 멸하지 아니하리라" 하셨습니다(창18:27-28). 아브라함이 또 아뢰어 이르되 "거기서 사십 명을 찾으시면 어찌 하려 하시나이까" 하였고, 하나님은 "사십 명으로 말미암아 멸하지 아니하리라" 하셨습니다(창18:29). 아브라함이 이르되 "내 주여 노하지 마시옵고 말씀하게 하옵소서 거기서 삼십 명을 찾으시면 어찌 하려 하시나이까" 하였고 하나님은 "내가 거기서 삼십 명을 찾으면 그리하지 아니하리라" 하셨습니다(창18:30). 아브라함이 또 이르되 "내가 감히 내 주께 아뢰나이다 거기서 이십 명을 찾으시면 어찌 하려 하시나이까" 하였고 하나님은 "내가 이십 명으로 말미암아 그리하지 아니하리라" 하셨습니다(창18:31). 아브라함이 또 이르되 "주는 노하지 마옵소서 내가 이번만 더 아뢰리이다 거기서 십 명을 찾으시면 어찌 하려 하시나이까" 하였고 하나님이 이르시되 "내가 십 명으로 말미암아 멸하지 아니하리라" 하셨습니다(창18:32).

아브라함은 여섯 번을 하나님께 구하였습니다. 그리고 여호와께서 아브라함과 말씀을 마치시고 즉시 가셨으며 아브라함도 자기 곳으로 돌아갔습니다(창18:33).

창18:22   "그 사람들이 거기서 떠나 소돔으로 향하여 가고 아브라함은 여호와 앞에 그대로 섰더니"

창18:23-25 "아브라함이 가까이 나아가 이르되 주께서 의인을 악인과 함께 멸하려 하시나이까 그 성 중에 의인 오십 명이 있을지라도 주께서 그 곳을 멸하시고 그 오십 의인을 위하여 용서하지 아니하시리이까 주께서 이같이 하사 의인을 악인과 함께 죽이심은 부당하오며 의인과 악인을 같이 하심

도 부당하니이다 세상을 심판하시는 이가 정의를 행하실
것이 아니니이까"

창18:26   "여호와께서 이르시되 내가 만일 소돔 성읍 가운데에서 의
인 오십 명을 찾으면 그들을 위하여 온 지역을 용서하리
라"

창18:27-28 "아브라함이 대답하여 이르되 나는 티끌이나 재와 같사오
나 감히 주께 아뢰나이다 오십 의인 중에 오 명이 부족
하다면 오 명이 부족함으로 말미암아 온 성읍을 멸하시
리이까 이르시되 내가 거기서 사십오 명을 찾으면 멸하
지 아니하리라"

창18:29   "아브라함이 또 아뢰어 이르되 거기서 사십 명을 찾으시
면 어찌 하려 하시나이까 이르시되 사십 명으로 말미암아
멸하지 아니하리라"

창18:30   "아브라함이 이르되 내 주여 노하지 마시옵고 말씀하게 하
옵소서 거기서 삼십 명을 찾으시면 어찌 하려 하시나이
까 이르시되 내가 거기서 삼십 명을 찾으면 그리하지 아
니하리라"

창18:31   "아브라함이 또 이르되 내가 감히 주께 아뢰나이다 거기서
이십 명을 찾으시면 어찌 하려 하시나이까 이르시되 내
가 이십 명으로 말미암아 그리하지 아니하리라"

창18:32   "아브라함이 또 이르되 주는 노하지 마옵소서 내가 이번
만 더 아뢰리이다 거기서 십 명을 찾으시면 어찌 하려 하
시나이까 이르시되 내가 십 명으로 말미암아 멸하지 아니
하리라"

창18:33   "여호와께서 아브라함과 말씀을 마치시고 가시니 아브라
함도 자기 곳으로 돌아갔더라"

온전한 믿음이 있는 자는 멸망당할 세상 사람들을 위해 기도합니다. 하나님은 모든 사람이 구원을 받으며 진리를 아는 데에 이르기를 원하십니다(딤전2:4). 그러므로 우리는 모든 사람을 위하여 간구와 기도와 도고와 감사를 해야 합니다(딤전2:1). 예수님은 오래 참으사 아무도 멸망하지 아니하고 다 회개하기에 이르기를 원하십니다(벧후3:9). 사도 바울은 골육의 친척의 구원을 위하여 큰 근심이 있고 마음에 그치지 않는 고통이 있었습니다(롬9:1). 사도 바울은 그의 형제 곧 골육의 친척을 위하여 그 자신이 저주를 받아 끊어질지라도 그들이 구원받기를 원하였습니다(롬9:2). 우리는 어떤 자들을 불에서 끌어내어 구원해야 합니다(유1:23). 우리는 우리 중에 미혹되어 진리를 떠난 자를 돌아서게 해야 합니다. 죄인을 미혹된 길에서 돌아서게 하는 자가 그의 영혼을 사망에서 구원할 것입니다(약5:19-20).

딤전2:4 　"하나님은 모든 사람이 구원을 받으며 진리를 아는 데에 이르기를 원하시느니라"

딤전2:1 　"그러므로 내가 첫째로 권하노니 모든 사람을 위하여 간구와 기도와 도고와 감사를 하되"

벧후3:9 　"주의 약속은 어떤 이들이 더디다고 생각하는 것 같이 더딘것이 아니라 오직 주께서는 너희를 대하여 오래 참으사 아무도 멸망하지 아니하고 다 회개하기에 이르기를 원하시느니라"

롬9:1 　"내가 그리스도 안에서 참말을 하고 거짓말을 아니하노라 나 에게 큰 근심이 있는 것과 마음에 그치지 않는 고통이 있는 것을 내 양심이 성령 안에서 나와 더불어 증언하노니"

| 롬9:2 | "나의 형제 곧 골육의 친척을 위하여 내 자신이 저주를 받아 그리스도에게서 끊어질지라도 원하는 바로라" |

| 유1:23 | "또 어떤 자를 불에서 끌어내어 구원하라 또 어떤 자를 그 육체로 더럽힌 옷까지도 미워하되 두려움으로 긍휼히 여기라" |

| 약5:19-20 | "내 형제들아 너희 중에 미혹되어 진리를 떠난 자를 누가 돌아서게 하면 너희가 알 것은 죄인을 미혹된 길에서 돌아서게 하는 자가 그의 영혼을 사망에서 구원할 것이며 허다한 죄를 덮을 것임이라" |

3) 롯이 두 천사를 영접했으며 소돔 사람들은 악을 행했습니다.

저녁 때에 그 두 천사가 소돔에 이르렀는데 마침 롯이 소돔 성문에 앉아 있다가 그들을 보고 일어나 영접하고 땅에 엎드려 절하며 간청하여 자기 집으로 들이고 식탁을 베풀었습니다(창19:1-3).

그런데 그들이 눕기 전에(한 밤중에) 소돔 백성들이 노소를 막론하고 원근에서 다 모여 롯의 집을 에워싸고 롯을 부르고 그에게 온 사람을 이끌어 내라고 하며 그들을 상관하리라고 하였습니다(창19:4-5). 이에 롯이 문밖으로 나가서 이런 악을 행하지 말라고 하며 두 딸을 이끌어 내리니 좋을 대로 그들에게 행하고 자기 집에 들어온 사람들에게는 아무 일도 저지르지 말라고 간청했습니다(창19:6-8). 그러나 소돔 사람들은 롯에게 물러나라고 하며 롯이 자기들의 법관이 되려고 하니 이제 롯을 더 해하리라고 하고 롯을 밀치며 문을 부수려고 했습니다(창19:9).

창19:1-3 "저녁 때에 그 두 천사가 소돔에 이르니 마침 롯이 소돔 성문에 앉아 있다가 그들을 보고 일어나 영접하고 땅에 엎드려 절하며 이르되 내 주여 돌이켜 종의 집으로 들어와 발을 씻고 주무시고 일찍이 일어나 갈길을 가소서 그들이 이르되 아니라 우리가 거리에서 밤을 새우리라 롯이 간청하매 그제서야 돌이켜 그 집으로 들어오는지라 롯이 그들을 위하여 식탁을 베풀고 무교병을 구우니 그들이 먹으니라"

창19:4-5 "그들이 눕기 전에 그 성 사람 곧 소돔 백성들이 노소를 막론하고 원근에서 다 모여 그 집을 에워싸고 롯을 부르고 그에게 이르되 오늘 밤에 네게 온 사람들이 어디 있느냐 이끌어 내라 우리가 그들을 상관하리라"

창19:6-8 "롯이 문 밖의 무리에게로 나가서 뒤로 문을 닫고 이르되 청하노니 내 형제들아 이런 악을 행하지 말라 내게 남자를 가까이 하지 아니한 두 딸이 있노라 청하건대 내가 그들을 너희에게로 이끌어 내리니 너희 눈에 좋을 대로 그들에게 행하고 이 사람들은 내 집에 들어왔은즉 이 사람들에게는 아무 일도 저지르지 말라"

창19:9 "그들이 이르되 너는 물러나라 또 이르되 이 자가 들어와서 거류하면서 우리의 법관이 되려 하는도다 이제 우리가 그들보다 너를 더 해하리라 하고 롯을 밀치며 가까이 가서 그 문을 부수려고 하는지라"

롯은 두 사람(천사)을 겸손하게 영접하고 극진히 대접하였습니다. 그리고 롯은 소돔 사람들이 두 사람(천사)을 해하려고 할 때 자기 집에 들어온 자들이기에 보호하려고 온 힘을 다 했습니다. 롯은 자기 집에 들어온 두 사람을 자기 가족보다 더 소중하게 여겼습니다. 그래서 롯은 자기 두 딸을 소돔 사람들에게 내주고 자기 집에 들어온 두 사람을 지키려했습니다. 그리고 롯은 소돔 사람들에게 악을 행하지 말라고 간청하며 "이 사람들은 내 집에 들어왔은즉 이 사람들에게 아무 일도 저지르지 말라"고 했습니다. 롯은 무법한 소돔 사람들의 음란한(불법한) 행실을 보고 들음으로 그 의로운 심령이 상함으로 고통을 당하였습니다(벧후2:7-8).

> **벧후2:7-8** "무법한 자들의 음란한 행실로 말미암아 고통 당하는 의로운 롯을 건지셨으니 (이는 이 의인이 그들 중에 거하여 날마다 저 불법한 행실을 보고 들음으로 그 의로운 심령이 상함이라"

소돔 사람들은 롯이 소돔에 들어가 살기 전부터 하나님 앞에 악하며 큰 죄인이었습니다(창13:13). 그들은 음란한(불법한) 행실을 하였습니다. 소돔 사람들은 롯의 집에 들어간 두 사람을 이끌어 내라고 하며 그들을 상관하리라고 말했습니다. 그들을 상관하리라는 말은 성관계를 말하며 동성애를 말합니다. 소돔 사람들은 음란하며 다른 육체를 따라갔으며(동성애) 불의 형벌을 받았습니다(유1:7). 소돔 사람들은 롯이 악을 행하지 말기를 간청하자 자기들의 법관이 되려 한다고 하면서 롯을 더 해하려고 했습니다.

> **창13:13** "소돔 사람은 여호와 앞에 악하며 큰 죄인이었더라"
>
> **유1:7** "소돔과 고모라와 그 이웃 도시들도 그들과 같은 행동으로

음란하며 다른 육체를 따라 가다가 영원한 불의 형벌을
받음으로 거울이 되었느니라"

하나님은 음행하는 자들과 간음하는 자들을 심판하십니다(히
13:4). 또한 하나님은 동성애를 금하셨습니다. 남자가 남자와 동침
하는 것은 가증한 일입니다(레18:22, 20:13). 부끄러운 욕심에 내버
려진 자들은 여자들도 순리대로 쓸 것을 바꾸어 역리로 쓰며 남자
들도 순리대로 하지 아니하고 서로 향하여 음욕이 불 일듯 하매 남
자가 남자와 더불어 부끄러운 일을 행하여 그들의 그릇됨에 상당한
보응을 그들 자신이 받았습니다(롬1:26-27).

히13:4   "모든 사람은 결혼을 귀히 여기고 침소를 더럽히지 않게
          하라 음행하는 자들과 간음하는 자들을 하나님이 심판하
          시리라"

레18:22   "너는 여자와 동침함 같이 남자와 동침하지 말라 이는 가
          증한 일이니라"

레20:13   "누구든지 여인과 동침하듯 남자와 동침하면 둘 다 가증한
          일을 행함인즉 반드시 죽일지니 자기의 피가 자기에게로
          돌아가리라"

롬1:26-27 "이 때문에 하나님께서 그들을 부끄러운 욕심에 내버려 두
          셨으니 곧 그들의 여자들도 순리대로 쓸 것을 바꾸어 역
          리로 쓰며 그와 같이 남자들도 순리대로 여자 쓰기를 버
          리고 서로 향하여 음욕이 불 일 듯 하매 남자가 남자와 더
          불어 부끄러운 일을 행하여 그들의 그릇됨에 상당한 보응
          을 받았느니라"

4) 두 천사가 롯의 가족을 이끌어냈습니다.

그때 천사들이 손을 내밀어 롯을 집으로 끌어들이고 문을 닫고 문밖의 무리로 그 눈을 어둡게 하였으며 그들이 문을 찾느라고 헤매였습니다(창19:10-11). 그리고 천사들이 롯에게 그에게 속한 자들을 다 성 밖으로 이끌어 내라고 하면서 하나님께서 자기들을 소돔 성을 멸하러 보내셨으니 멸하리라고 말했습니다(창19:12-13). 이에 한 밤중에 롯이 나가서 그 딸들과 정혼한 사위들에게 하나님께서 소돔 성을 멸하실 터이니 일어나 이곳에서 떠나라고 하였습니다. 그러나 그 사위들은 농담으로 여겼습니다(창19:14). 그리고 동틀 때에 천사가 롯을 재촉했으나 롯이 지체하매 천사들이 롯의 손과 그 아내의 손과 두 딸의 손을 잡아 인도하여 성 밖에 두었습니다(창19:15-16). 그리고 천사들은 그들에게 돌아보거나 들에 머무르거나 하지 말고 산으로 도망하여 멸망함을 면하라고 하였습니다(창19:17). 이에 롯이 산까지 갈 수 없어서 소알로 도망하기를 구하고 천사들이 허락하므로 소알 성에 들어갔습니다. 그리고 그때 해가 돋았습니다(창19:18-23).

> 창19:10-11 "그 사람들이 손을 내밀어 롯을 집으로 끌어들이고 문을 닫고 문 밖의 무리를 대소를 막론하고 그 눈을 어둡게 하니 그들이 문을 찾느라고 헤매었더라"

> 창19:12-13 "그 사람들이 롯에게 이르되 이외에 네게 속한 자가 또 있느냐 네 사위나 네 자녀나 성 중에 네게 속한 자들을 다 성 밖으로 이끌어내라 그들에 대한 부르짖음이 여호와 앞에 크므로 여호와께서 이 곳을 멸하시려고 우리를 보내셨

나니 우리가 멸하리라"

창19:14 "롯이 나가서 그 딸들과 결혼할 사위들에게 말하여 이르기를 여호와께서 이 성을 멸하실 터이니 너희는 일어나 이 곳에서 떠나라 하되 그의 사위들은 농담으로 여겼더라"

창19:15-16 "동틀 때에 천사가 롯을 재촉하여 이르되 일어나 여기 있는 네 아내와 두 딸을 이끌어 내라 이 성의 죄악 중에 함께 멸망할까 하노라 그러나 롯이 지체하매 그 사람들이 롯의 손과 그 아내의 손과 두 딸의 손을 잡아 인도하여 성 밖에 두니 여호와께서 그에게 자비를 더하심이었더라"

창19:17 "그 사람들이 그들을 밖으로 이끌어 낸 후에 이르되 도망하여 생명을 보존하라 돌아보거나 들에 머물지 말고 산으로 도망하여 멸망함을 면하라"

창19:18-23 "롯이 그들에게 이르되 내 주여 그리 마옵소서 주의 종이 주께 은혜를 입었고 주께서 큰 인자를 내게 베푸사 내 생명을 구원하시오나 내가 도망하여 산에까지 갈 수 없나이다 두렵건대 재앙을 만나 죽을까 하나이다 보소서 저 성읍은 도망하기에 가깝고 작기도 하오니 나를 그 곳으로 도망하게 하소서 이는 작은 성읍이 아니니이까 내 생명이 보존되리이다 그가 그에게 이르되 내가 이 일에도 네 소원을 들었은즉 네가 말하는 그 성읍을 멸하지 아니하리니 그리로 속히 도망하라 네가 거기 이르기까지는 내가 아무 일도 행할 수 없노라 하였더라 그러므로 그 성읍 이름을 소알이라 불렀더라"

롯이 소돔 성에서 나간 것이 아니라 두 천사가 롯과 그 식구를 손을 잡아 소돔 성 밖으로 이끌어 냈습니다. 이렇게 하나님이 롯을 소돔에서 내어 보내신 것은 아브라함을 생각하심이었습니다(창

19:29). 또 롯이 소돔 사람들의 죄악을 보고 날마다 그 심령이 상하였기 때문입니다(벧후2:7-8). 예수님이 재림하실 때에 그가 천사들을 보내어 자기가 택하신 자들을 땅 끝으로부터 하늘 끝까지 사방에서 모으실 것입니다(막13:26-27).

아브라함이 하나님의 부르심에 순종하는 믿음의 단계에서는 롯을 그돌라오멜 왕에게서 구하였습니다. 그리고 아브라함이 하나님의 약속을 온전히 믿음으로 행하는 믿음의 단계에서는 롯을 멸망(하나님의 심판)에서 구하였습니다.

우리가 육신으로 사는 믿음의 단계에서는 육신의 것을 줄 수 있고 영으로 사는 믿음의 단계에서는 영의 것을 줄 수 있습니다.

창19:29 "하나님이 그 지역의 성을 멸하실 때 곧 롯이 거주하는 성을 엎으실 때에 하나님이 아브라함을 생각하사 롯을 그 엎으시는 중에서 내보내셨더라"

벧후2:7-8 "무법한 자들의 음란한 행실로 말미암아 고통 당하는 의로운 롯을 건지셨으니 (이는 이 의인이 그들 중에 거하여 날마다 저 불법한 행실을 보고 들음으로 그 의로운 심령이 상함이라)"

막13:26-27 "그 때에 인자가 구름을 타고 큰 권능과 영광으로 오는 것을 사람들이 보리라 또 그 때에 그가 천사들을 보내어 자기가 택하신 자들을 땅 끝으로부터 하늘 끝까지 사방에서 모으리라"

롯의 사위들은 하나님께서 소돔 성을 멸하심을 농담으로 여겼습니다. 롯이 그 딸들과 결혼할 사위들에게 말하여 이르기를 "여호와께서 이 성을 멸하실 터이니 너희는 일어나 이 곳에서 떠나라" 하였습니다. 그러나 그의 사위들은 농담으로 여겼습니다(창19:14).

노아의 때에도 사람들은 홍수의 심판을 깨닫지 못했습니다. 홍수 전에 노아가 방주에 들어가던 날까지 사람들이 먹고 마시고 장가 들고 시집 가고 있으면서 홍수가 나서 그들을 다 멸하기까지 깨닫지 못하였습니다(마24:38-39). 이 세상 말세에도 조롱하는 자들이 자기의 정욕을 따라 행하며 조롱하여 예수님의 재림과 세상 심판을 부인할 것입니다. 그들은 만물이 처음 창조될 때와 같이 그냥 있다 합니다(벧후3:3-7).

창19:14 　"롯이 나가서 그 딸들과 결혼할 사위들에게 말하여 이르기를 여호와께서 이 성을 멸하실 터이니 너희는 일어나 이 곳에서 떠나라 하되 그의 사위들은 농담으로 여겼더라"

마24:37-39 "노아의 때와 같이 인자의 임함도 그러하리라 홍수 전에 노아가 방주에 들어가던 날까지 사람들이 먹고 마시고 장가 들고 시집 가고 있으면서 홍수가 나서 그들을 다 멸하기까지 깨닫지 못하였으니 인자의 임함도 이와 같으리라"

벧후3:4-7 "먼저 이것을 알지니 말세에 조롱하는 자들이 와서 자기의 정욕을 따라 행하며 조롱하여 이르되 주께서 강림하신다는 약속이 어디 있느냐 조상들이 잔 후로부터 만물이 창조될 때와 같이 그냥 있다 하니 이는 하늘이 옛적부터 있는 것과 땅이 물에서 나와 물로 성립된 것을 그들이 일부러 잊으려 함이로다 이로 말미암아 그 때에 세상은 물이 넘침으로 멸망하였으되 이제 하늘과 땅은 그 동일한 말씀으로 불사르기 위하여 보호하신바 되어 경건하지 아니한 사람들의 심판과 멸망의 날까지 보존하여 두신 것이니라"

5) 하나님께서 소돔과 고모라 성에 유황과 불을 비같이 내리셨습니다.

여호와께서 하늘로서 유황과 불을 비같이 소돔과 고모라에 내리셔서 그 성들과 온 들과 성에 거하는 모든 백성과 땅에 난 것을 다 엎어 멸하셨습니다(창19:24-25). 그런데 롯의 아내는 뒤를 돌아본 고로 소금 기둥이 되었습니다(창19:26). 아브라함이 그 아침에 일찍이 일어나 여호와 앞에 서 있던 곳에 이르러 소돔과 고모라와 그 온 들을 향하여 눈을 들어 연기가 옹기 가마의 연기같이 치솟음을 보았습니다(창19:27-28).

창19:24-25 "여호와께서 하늘 곧 여호와께로부터 유황과 불을 소돔과 고모라에 비같이 내리사 그 성들과 온 들과 성에 거주하는 모든 백성과 땅에 난 것을 다 엎어 멸하셨더라"

창19:26 "롯의 아내는 뒤를 돌아보았으므로 소금 기둥이 되었더라"

창19:27-28 "아브라함이 그 아침에 일찍이 일어나 여호와 앞에 서 있던 곳에 이르러 소돔과 고모라와 그 온 지역을 향하여 눈을 들어 연기가 옹기 가마의 연기같이 치솟음을 보았더라"

아브라함이 하나님의 심판을 목격했습니다. 아브라함이 소돔성 읍을 위해 하나님께 구했으나 의인 열 사람이 없어서 멸망을 피할 수 없었습니다. 아브라함은 그 아침에 일찍이 일어나 하나님께 구하였던 곳에 이르러 소돔과 고모라와 그 온 지역이 불로 멸망당한 것을 보았습니다. 아브라함은 멸망당하는 소돔과 고모라를 바라보면서 심판자이신 하나님을 알게 되었습니다. 아브라함은 이 세상의 심판을 알았기에 하늘에 있는 본향을 사모하였습니다(히11:13-16). 그리고 하나님은 하늘에 있는 본향을 사모하는 아브라함과 이삭과 야곱의 하나님이라 일컬음 받으심을 부끄러워 하지 아니하셨습니다. 하나님은 모세에게 "나는 네 조상의 하나님이니 아브라함의 하나님, 이삭의 하나님, 야곱의 하나님이니라" 말씀하셨습니다 (출3:6).

> **히11:13-16** "이 사람들은 다 믿음을 따라 죽었으며 약속을 받지 못하였으되 그것들을 멀리서 보고 환영하며 또 땅에서는 외국인과 나그네임을 증언하였으니 그들이 이같이 말하는 것은 자기들이 본향 찾는 자임을 나타냄이라 그들이 나온 바 본향을 생각하였더라면 돌아갈 기회가 있었으려니와 그들이 이제는 더 나은 본향을 사모하니 곧 하늘에 있는 것이라 이러므로 하나님이 그들의 하나님이라 일컬음 받으심을 부끄러워 아니하시고 그들을 위하여 한 성을 예비하셨느니라"

> **출3:6** "또 이르시되 나는 네 조상의 하나님이니 아브라함의 하나님, 이삭의 하나님, 야곱의 하나님이니라 모세가 하나님 뵈옵기를 두려워하여 얼굴을 가리매"

심판자이신 하나님을 알아야 온전한 믿음입니다. 하나님은 창조자이시며 구원자이시며 심판자이십니다. 죄인들의 심판은 옛적부터 지체하지 아니하며 그들의 멸망은 잠들지 아니합니다(벧후2:3).

하나님이 범죄 한 천사들을 용서하지 아니하시고 지옥에 던져 어두운 구덩이에 두어 심판 때까지 지키게 하셨습니다(벧후2:4). 하나님이 옛 세상(노아 홍수 이전의 세상)을 용서하지 아니하시고 경건하지 아니한 자들의 세상에 홍수를 내리셨습니다(벧후2:5). 하나님이 소돔과 고모라 성을 멸망하기로 정하여 재가 되게 하셨습니다(벧후2:6). 예수님은 뭇 사람을 심판하사 모든 경건하지 않은 자가 경건하지 않게 행한 모든 경건하지 않은 일과 또 경건하지 않은 죄인들이 주를 거슬러 한 모든 완악한 말로 말미암아 그들을 정죄하려고 재림하실 것입니다(유1:15).

> 벧후2:3 "그들이 탐심으로써 지어낸 말을 가지고 너희로 이득을 삼으니 그들의 심판은 옛적부터 지체하지 아니하며 그들의 멸망은 잠들지 아니하느니라"
>
> 벧후2:4 "하나님이 범죄한 천사들을 용서하지 아니하시고 지옥에 던져 어두운 구덩이에 두어 심판 때까지 지키게 하셨으며"
>
> 벧후2:5 "옛 세상을 용서하지 아니하시고 오직 의를 전파하는 노아와 그 일곱 식구를 보존하시고 경건하지 아니한 자들의 세상에 홍수를 내리셨으며"
>
> 벧후2:6 "소돔과 고모라 성을 멸망하기로 정하여 재가 되게 하사 후세에 경건하지 아니할 자들에게 본을 삼으셨으며"
>
> 유1:14-15 "아담의 칠대 손 에녹이 이 사람들에 대하여도 예언하여 이르되 보라 주께서 그 수만의 거룩한 자와 함께 임하셨나니 이는 뭇 사람을 심판하사 모든 경건하지 않은 자가 경건하지 않게 행한 모든 경건하지 않은 일과 또 경건하

지 않은 죄인들이 주를 거슬러 한 모든 완악한 말로 말미암아 그들을 정죄하려 하심이라 하였느니라"

하나님은 소돔과 고모라 성의 멸망을 후세에 경건치 아니한 자들에게 본을 삼으셨습니다(벧후2:6). 소돔과 고모라는 영원한 불의 형벌을 받음으로 거울이 되었습니다(유1:7).

벧후2:6 "소돔과 고모라 성을 멸망하기로 정하여 재가 되게 하사 후세에 경건하지 아니할 자들에게 본을 삼으셨으며"

유1:7 "소돔과 고모라와 그 이웃 도시들도 그들과 같은 행동으로 음란하며 다른 육체를 따라 가다가 영원한 불의 형벌을 받음으로 거울이 되었느니라"

이 세상도 하늘에서 불이 내려와 소멸할 것입니다(계20:9). 이 세상은 경건하지 아니한 사람들의 심판과 멸망의 날까지 보존하여 두신 것입니다(벧후3:7). 이 세상은 하늘이 불에 타서 풀어지고 물질이 뜨거운 불에 녹아져 없어질 것입니다. 그래서 우리는 의가 거하는 곳인 새 하늘과 새 땅(천국)을 바라봅니다(벧후3:12-13).

계20:9 "그들이 지면에 널리 퍼져 성도들의 진과 사랑하시는 성을 두르매 하늘에서 불이 내려와 그들을 태워버리고"

벧후3:7 "이제 하늘과 땅은 그 동일한 말씀으로 불사르기 위하여 보호하신 바 되어 경건하지 아니한 사람들의 심판과 멸망의 날까지 보존하여 두신 것이니라"

벧후3:12-13 "하나님의 날이 임하기를 바라보고 간절히 사모하라 그 날에 하늘이 불에 타서 풀어지고 물질이 뜨거운 불에 녹아

지려니와 우리는 그의 약속대로 의가 있는 곳인 새 하늘
과 새 땅을 바라보도다"

주님께서 경건한 자는 시험에서 건지시고 불의한 자는 형벌 아래
에 두어 심판 날까지 지키십니다(벧후2:9). 주님께서 특별히 육체
를 따라 더러운 정욕 가운데서 행하며 주관하는 이를 멸시하는 자
들에게는 형벌하실 것입니다. 주님이 형벌하실 자들은 당돌하고 자
긍하며 떨지 않고 영광 있는 자들을 비방합니다(벧후2:10). 이 사람
들은 본래 잡혀 죽기 위하여 난 이성 없는 짐승 같아서 그 알지 못
하는 것을 비방하고 그들의 멸망 가운데서 멸망을 당하며 불의의
값으로 불의를 당하며 낮에 즐기고 노는 것을 기쁘게 여기며 연회
할 때에 그들의 속임수로 즐기고 놀며 음심이 가득한 눈을 가지고
범죄 하기를 그치지 아니하고 굳세지 못한 영혼들을 유혹하며 탐욕
에 연단된 마음을 가진 자들이며 저주의 자식입니다(벧후2:12-14).
이 사람들은 원망하는 자며 불만을 토하는 자며 그 정욕대로 행하
는 자며 그 입으로 자랑하는 말을 하며 이익을 위하여 아첨합니다
(유1:16). 이 사람들은 분열을 일으키는 자며 육에 속한 자며 성령
이 없는 자입니다(유1:19). 이 사람들은 자기를 사랑하며 돈을 사랑
하며 자랑하며 교만하며 비방하며 부모를 거역하며 감사하지 아니
하며 거룩하지 아니하며 무정하며 원통함을 풀지 아니하며 모함하
며 절제하지 못하며 사나우며 선한 것을 좋아하지 아니하며 배신하
며 조급하며 자만하며 쾌락을 사랑하기를 하나님 사랑하는 것보다

더하며 경건의 모양은 있으나 경건의 능력은 부인합니다(딤후3;1-5). 이 사람들은 하나님이 내리시는 재앙들을 받으면서도 하나님의 이름을 비방하며 회개하지 아니하고 주께 영광을 돌리지 아니합니다(계16:9).

벧후2:9   "주께서 경건한 자는 시험에서 건지실 줄 아시고 불의한 자는 형벌 아래에 두어 심판 날까지 지키시며"

벧후2:10   "특별히 육체를 따라 더러운 정욕 가운데서 행하며 주관하는 이를 멸시하는 자들에게는 형벌할 줄 아시느니라 이들은 당돌하고 자긍하며 떨지 않고 영광 있는 자들을 비방하거니와"

벧후2:12-14 "그러나 이 사람들은 본래 잡혀 죽기 위하여 난 이성 없는 짐승 같아서 그 알지 못하는 것을 비방하고 그들의 멸망 가운데서 멸망을 당하며 불의의 값으로 불의를 당하며 낮에 즐기고 노는 것을 기쁘게 여기는 자들이니 점과 흠이라 너희와 함께 연회할 때에 그들의 속임수로 즐기고 놀며 음심이 가득한 눈을 가지고 범죄 하기를 그치지 아니하고 굳세지 못한 영혼들을 유혹하며 탐욕에 연단된 마음을 가진 자들이니 저주의 자식이라"

유1:16   "이 사람들은 원망하는 자며 불만을 토하는 자며 그 정욕대로 행하는 자라 그 입으로 자랑하는 말을 하며 이익을 위하여 아첨하느니라"

유1:19   "이 사람들은 분열을 일으키는 자며 육에 속한 자며 성령이 없는 자니라"

딤후3:1-5 "너는 이것을 알라 말세에 고통 하는 때가 이르러 사람들이 자기를 사랑하며 돈을 사랑하며 자랑하며 교만하며 비방하며 부모를 거역하며 감사하지 아니하며 거룩하지 아

니하며 무정하며 원통함을 풀지 아니하며 모함하며 절제
하지 못하며 사나우며 선한 것을 좋아하지 아니하며 배신
하며 자만하며 쾌락을 사랑하기를 하나님 사랑하는 것보
다 더하며 경건의 모양은 있으나 경건의 능력은 부인하니
이같은 자들에게서 네가 돌아서라"

계16:9   "사람들이 크게 태움에 태워진지라 이 재앙들을 행하는 권
세를 가지신 하나님의 이름을 비방하며 또 회개하지 아니
하고 주께 영광을 돌리지 아니하더라"

4. 아브라함과 사라를 지켜주신 하나님

아브라함이 헤브론에서 이사하여 그랄에 우거하였습니다. 그런
데 아브라함이 그랄 사람들이 두려워 그 아내 사라를 자기 누이라
하였으며 그랄 왕 아비멜렉이 사라를 취하였습니다. 그 밤에 하나
님께서 아비멜렉의 꿈에 나타나셔서 그를 죽이리라고 말씀하셨
습니다. 아비멜렉은 하나님을 두려워하여 아침에 일찍이 일어나 그
종들에게 그 일을 말하고 아브라함을 불러 책망하고 사라를 그에게
돌려보냈습니다. 이에 아브라함이 아비멜렉을 위해 기도하였으며
사라의 일로 하나님이 닫으신 아비멜렉의 집의 모든 태를 치료하사
출산하게 하셨습니다.

1) 하나님이 아브라함의 아내 사라를 취한 아비멜렉을 죽이리라고
말씀하셨습니다.

아브라함이 헤브론에서 남방으로 이사하여 그랄에 우거하였습니다. 아브라함은 그곳에서 그 아내 사라를 자기 누이라 하였습니다. 이에 그랄 왕 아비멜렉이 사라를 취하였는데 그 밤에 하나님이 아비멜렉에게 꿈에 나타나셔서 그에게 이르시되 "네가 취한 이 여인을 인하여 네가 죽으리니 그가 남의 아내임이니라" 하셨습니다(창 20:1-3). 이에 아비멜렉이 그 여인을 가까이 하지 아니하였으므로 그가 대답하되 "주여 주께서 의로운 백성도 멸하시나이까 그가 나에게 이는 내 누이라고 하지 아니하였나이까 그 여인도 그는 내 오라비라 하였사오니 나는 온전한 마음과 깨끗한 손으로 이렇게 하였나이다" 하였습니다(창20:4-5). 하나님이 꿈에 또 아비멜렉에게 이르시되 "네가 온전한 마음으로 이렇게 한 줄을 나도 알았으므로 너를 막아 내게 범죄하지 아니하게 하였나니 여인에게 가까이 하지 못하게 함이 이 때문이니라" 하시며 "이제 그 사람의 아내를 돌려보내라. 그는 선지자라. 그가 너를 위하여 기도하리니 네가 살려니와 네가 돌려보내지 않으면 너와 네게 속한 자가 다 반드시 죽을 줄 알지니라"고 하셨습니다(창20:6-7).

창20:1-3 "아브라함이 거기서 떠나 네게브 땅으로 옮겨가 가데스와 술 사이 그랄에 거류하며 그의 아내 사라를 자기 누이라 하였으므로 그랄 왕 아비멜렉이 사람을 보내어 데려갔더니 그 밤에 하나님이 아비멜렉에게 현몽하시고 그에게 이르시되 네가 데려간 이 여인으로 말미암아 네가 죽으리니 그는 남편이 있는 여자임이라"

창20:4-5 "아비멜렉이 그 여인을 가까이 하지 아니하였으므로 그가 대답하되 주여 주께서 의로운 백성도 멸하시나이까 그가 나에게 이는 내 누이라고 하지 아니하였나이까 그 여인도 그는 내 오라비라 하였사오니 나는 온전한 마음과 깨끗한 손으로 이렇게 하였나이다"

창20:6-7 "하나님이 꿈에 또 그에게 이르기를 네가 온전한 마음으로 이렇게 한 줄을 나도 알았으므로 너를 막아 내게 범죄하지 아니하게 하였나니 여인에게 가까이 하지 못하게 함이 이 때문이니라"

그랄에 우거한 아브라함은 그의 아내 사라를 자기 누이라 하였습니다. 왜냐하면 아브라함은 하나님을 두려워함이 없는 그랄 사람들이 그의 아내로 말미암아 자기를 죽일까 생각하였기 때문입니다. 그리고 사라는 정말로 그의 이복 누이로 그의 아내가 되었기 때문입니다. 또 아브라함은 하나님이 자기를 자기 아버지의 집을 떠나 두루 다니게 하실 때에 가는 곳마다 사라에게 자기를 오라비라 하라 하였기 때문입니다. 아브라함은 그의 아내로 말미암아 자기를 죽일까 두려워 애굽에서도, 그랄에서도 그의 아내 사라를 자기 아내라 하였습니다. 그래서 그랄 왕 아비멜렉에게 책망을 들었습니다. 아브라함이 온전한 믿음이 되려면 그 두려움을 버려야 했습니다. 우리가 하나님의 보호하심을 알면 두려움을 버릴 수 있습니다.

2) 아비멜렉이 아브라함을 책망하였고 아브라함은 변명했습니다.

아비멜렉이 그 날 아침에 일찍 일어나 모든 종들을 불러 그 모든 일을 말하여 들려주니 그들이 심히 두려워하였습니다(창20:8). 그리고 아비멜렉이 아브라함을 불러서 이르되 "네가 어찌하여 우리에게 이렇게 하였느냐 내가 무슨 죄를 네게 범하였기에 네가 나와 내 나라가 큰 죄에 빠질 뻔하게 하였느냐 네가 합당하지 아니한 일을 내게 행하였도다" 하고 아비멜렉이 또 아브라함에게 "네가 무슨 뜻으로 이렇게 하였느냐"고 물었습니다(창20:9-10). 아브라함이 이르되 "이 곳에서는 하나님을 두려워함이 없으니 내 아내로 말미암아 사람들이 나를 죽일까 생각하였음이요 또 그는 정말로 나의 이복누이로서 내 아내가 되었음이니라. 하나님이 나를 내 아버지의 집을 떠나 두루 다니게 하실 때에 내가 아내에게 말하기를 이 후로 우리의 가는 곳마다 그대는 나를 오라비라 하라 이것이 그대가 내게 베풀 은혜라 하였었노라"고 하였습니다(창20:11-13).

창20:8 "아비멜렉이 그 날 아침에 일찍이 일어나 모든 종들을 불러 그 모든 일을 말하여 들려 주니 그들이 심히 두려워하였더라"

창20:9-10 "아비멜렉이 아브라함을 불러서 그에게 이르되 네가 어찌하여 우리에게 이렇게 하였느냐 내가 무슨 죄를 네게 범하였기에 네가 나와 내 나라가 큰 죄에 빠질 뻔하게 하였느냐 네가 합당하지 아니한 일을 내게 행하였도다 하고 아비멜렉이 또 아브라함에게 이르되 네가 무슨 뜻으로 이렇게 하였느냐"

창20:11-13 "아브라함이 이르되 이 곳에서는 하나님을 두려워함이 없으니 내 아내로 말미암아 사람들이 나를 죽일까 생각하였음이요 또 그는 정말로 나의 이복 누이로서 내 아내가 되었음이니라 하나님이 나를 내 아버지의 집을 떠나 두루 다니게 하실 때에 내가 아내에게 말하기를 그대는 나를 그대의 오라비라 하라 이것이 그대가 내게 베풀 은혜라 하였었노라"

3) 아비멜렉이 사라를 돌려보냈고 아브라함이 아비멜렉을 위해 하나님께 기도하였습니다.

아비멜렉이 양과 소와 종들을 아브라함에게 주고 그 아내 사라도 그에게 돌려보냈습니다(창20:14). 그리고 아비멜렉이 아브라함에게 이르되 "내 땅이 네 앞에 있으니 네가 보기에 좋은 대로 거주하라" 하고 아비멜렉이 사라에게 이르되 "내가 은 천 개를 네 오라비에게 주어서 그것으로 너와 함께 한 여러 사람 앞에서 네 수치를 가리게 하였노니 네 일이 다 해결되었느니라" 하였습니다(창20:15-16). 그리고 아브라함이 하나님께 기도하매 하나님이 아비멜렉과 그의 아내와 여종을 치료하사 출산하게 하셨습니다(창20:17). 이는 하나님께서 이왕에 아브라함의 아내 사라의 일로 아비멜렉의 집의 모든 태를 닫으셨음이었습니다(창20:18).

창20:14 "아비멜렉이 양과 소와 종들을 이끌어 아브라함에게 주고 그의 아내 사라도 그에게 돌려보내고"

창20:15-16 "아브라함에게 이르되 내 땅이 네 앞에 있으니 네가 보기에 좋은 대로 거주하라 하고 사라에게 이르되 내가 은 천 개를 네 오라비에게 주어서 그것으로 너와 함께 한 여러 사람 앞에서 네 수치를 가리게 하였노니 네 일이 다 해결되었느니라"

창20:17   "아브라함이 하나님께 기도하매 하나님이 아비멜렉과 그의 아내와 여종을 치료하사 출산하게 하셨으니"

창20:18   "여호와께서 이왕에 아브라함의 아내 사라의 일로 아비멜렉의 집의 모든 태를 닫으셨음이더라"

하나님이 아브라함과 사라를 보호하셨습니다. 하나님은 아브라함에게 "내년 이맘때 내가 네게로 돌아오리니 네 아내 사라에게 아들이 있으리라" 하셨습니다(창18:10). 그러므로 내년 이맘때 사라에게 아들이 있을 때까지는 사라는 다른 사람과 동침하면 안되었습니다. 그래서 하나님은 아비멜렉이 사라를 가까이 하지 못하게 막으셨습니다. 또 하나님은 아비멜렉에게 아브라함의 아내를 돌려보내라고 하시며 아브라함은 선지자라고 하셨습니다. 하나님은 아브라함과 사라에게 이삭을 낳을 것을 약속하셨기에 아브라함과 사라를 지켜주셨습니다. 그리고 아브라함은 하나님의 보호하심을 알게 되었습니다. 하나님은 사람들이 아브라함, 이삭, 야곱을 해하기를 용납지 아니하시고 그들 때문에 열왕을 꾸짖어 이르시기를 "나의 기름 부은 자를 만지지 말며 나의 선지자를 상하지 말라" 하셨습니다(대상16:21-22).

창18:10   "그가 이르시되 내년 이맘때 내가 반드시 네게로 돌아오리니 네 아내 사라에게 아들이 있으리라 하시니 사라가 그 뒤 장막 문에서 들었더라"

대상16:21-22 "여호와께서는 사람이 그들을 해하기를 용납하지 아니하시고 그들 때문에 왕들을 꾸짖어 이르시기를 나의 기름

부은 자를 만지지 말며 나의 선지자를 상하지 말라 하셨
토다"

우리도 하나님의 보호하심을 알고 두려워하지 아니해야 합니다.
하나님은 우리를 지키시는 이십니다(시121:5). 하나님은 우리를 눈
동자 같이 지키십니다(시17:8). 우리를 지키시는 하나님은 졸지도
아니하시며 주무시지도 아니하십니다(시121:3-4). 하나님은 순진
한 자를 지키십니다(시116:6). 하나님은 심지가 견고하여 주를 신
뢰하는 자를 평강하고 평강하도록 지키십니다(사26:3). 하나님은
진실한 자를 보호하십니다(시31:23). 하나님은 자기를 사랑하는 자
들은 다 보호하십니다(시145:20). 예수님은 미쁘사 우리를 굳건하
게 하시고 악한 자에게서 지키십니다(살후3:3). 예수님이 우리를
지키시매 악한 자가 우리를 만지지도 못합니다(요일5:18).

시121:5   "여호와는 너를 지키시는 이시라 여호와께서 네 오른쪽에
           서 네 그늘이 되시나니"

시17:8   "나를 눈동자 같이 지키시고 주의 날개 그늘 아래에 감추
           사"

시121:3-4 "여호와께서 너를 실족하지 아니하게 하시며 너를 지키시
           는 이가 졸지 아니하시리로다 이스라엘을 지키시는 이는
           졸지도 아니하시고 주무시지도 아니하시리로다"

시116:6   "여호와께서는 순진한 자를 지키시나니 내가 어려울 때에
           나를 구원하셨도다"

사26:3   "주께서 심지가 견고한 자를 평강하고 평강하도록 지키시

리니 이는 그가 주를 신뢰함이니이다"

시31:23　"너희 모든 성도들아 여호와를 사랑하라 여호와께서 진실한 자를 보호하시고 교만하게 행하는 자에게 엄중히 갚으시느니라"

시145:20　"여호와께서 자기를 사랑하는 자들은 다 보호하시고 악인들은 다 멸하시리로다"

살후3:3　"주는 미쁘사 너희를 굳건하게 하시고 악한 자에게서 지키시리라"

요일5:18　"하나님께로부터 난 자는 다 범죄 하지 아니하는 줄을 우리가 아노라 하나님께로부터 나신 자가 그를 지키시매 악한 자가 그를 만지지도 못하느니라"

5. 이삭의 출생

하나님께서 말씀하신 대로 사라를 돌보셨고 여호와께서 말씀하신 대로 사라에게 행하셨으므로 사라가 임신하였습니다. 그리고 사라가 하나님이 말씀하신 시기가 되어 노년의 아브라함에게 아들을 낳았습니다(창21:1-2). 그리고 아브라함이 그에게 태어난 아들 곧 사라가 자기에게 낳은 아들을 이름하여 이삭(웃음)이라 하였습니다(창21:3). 또 아브라함이 그 아들 이삭이 난 지 팔 일 만에 하나님이 명령하신 대로 할례를 행하였습니다(창21:4). 아브라함이 그의 아들 이삭이 태어날 때에 백 세였습니다(창21:5). 이에 사라가 이르되 "하나님이 나를 웃게 하시니 듣는 자가 다 나와 함께 웃으리로다"(창21:6) 하며 또 이르되 "사라가 자식들을 젖 먹이겠다고 누가 아브라함에게 말하였으리요마는 아브라함의 노경에 내가 아들을 낳았도다" 하였습니다.(창21:7)

창21:1-2   "여호와께서 말씀하신 대로 사라를 돌보셨고 여호와께서 말씀하신 대로 사라에게 행하셨으므로 사라가 임신하고 하나님이 말씀하신 시기가 되어 노년의 아브라함에게 아들을 낳으니"

창21:3   "아브라함이 그에게 태어난 아들 곧 사라가 자기에게 낳은 아들을 이름하여 이삭이라 하였고"

창21:4   "그 아들 이삭이 난 지 팔 일 만에 그가 하나님이 명령하신대로 할례를 행하였더라"

창21:5   "아브라함이 그의 아들 이삭이 그에게 태어날 때에 백 세라"

창21:6   "사라가 이르되 하나님이 나를 웃게 하시니 듣는 자가 다 나와 함께 웃으리로다"

창21:7   "또 이르되 사라가 자식들을 젖먹이겠다고 누가 아브라함에게 말하였으리요마는 아브라함의 노경에 내가 아들을 낳았도다 하니라"

이삭은 '웃음'이란 뜻입니다. 아브라함과 사라는 아들을 낳을 것이라는 하나님의 말씀을 믿지 못해 웃었는데(창17:17, 18:12) 이제는 이삭을 낳음으로 웃었습니다. 하나님이 그들을 웃게 하셨습니다(창21:6). 아브라함과 사라가 육신의 힘으로는 도저히 낳을 수 없고 누구도 사라가 낳으리라고 말할 수도 없었던 아들을 하나님이 말씀하신 대로 돌보시고 행하심으로 사라가 낳았습니다. 그래서 하나님이 사라를 웃게 하셨고 듣는 자가 다 사라와 함께 웃게 되었습니다.

창17:17 "아브라함이 엎드려 웃으며 마음속으로 이르되 백 세 된 사람이 어찌 자식을 낳을까 사라는 구십 세니 어찌 출산하리요 하고"

창18:12 "사라가 속으로 웃고 이르되 내가 노쇠하였고 내 주인도 늙었으니 내게 무슨 즐거움이 있으리요"

창21:6 "사라가 이르되 하나님이 나를 웃게 하시니 듣는 자가 다 나와 함께 웃으리로다"

이삭은 자유 있는 여자에게서 하나님의 약속으로 났습니다(갈4:22-23). 이삭은 성령으로 난 자입니다(갈4:29). 그리고 이삭을 낳은 사라는 복음을 의미합니다(갈4:24-26). 하나님은 아브라함에게 "네 자손이라 칭할 자는 이삭으로 말미암으리라" 하셨습니다(히11:18). 하나님은 아브라함에게 "오직 이삭으로부터 난 자라야 네 씨라 불리리라" 하셨습니다(롬9:7). 육신의 자녀가 하나님의 자녀가 아니요 오직 약속의 자녀가 하나님의 씨로 여기심을 받습니다(롬9:8). 표면적 유대인이 유대인이 아니요 오직 이면적 유대인이 유대인입니다(롬2:28-29). 이스라엘 자손들의 수가 비록 바다의 모래 같을지라도 남은 자만 구원을 받습니다(롬9:27-28).

갈4:22-23 "기록된 바 아브라함에게 두 아들이 있으니 하나는 여종에게서, 하나는 자유 있는 여자에게서 났다 하였으며 여종에게서는 육체를 따라 났고 자유 있는 여자에게서는 약속으로 말미암았느니라"

갈4:29　　"그러나 그 때에 육체를 따라 난 자가 성령을 따라 난 자를 박해한 것 같이 이제도 그러하도다"

갈4:24-26　"이것은 비유니 이 여자들은 두 언약이라 하나는 시내 산으로부터 종을 낳은 자니 곧 하갈이라 이 하갈은 아라비아에 있는 시내 산으로서 지금 있는 예루살렘과 같은 곳이니 그가 그 자녀들과 더불어 종노릇 하고 오직 위에 있는 예루살렘은 자유자니 곧 우리 어머니라"

히11:18　　"그에게 이미 말씀하시기를 네 자손이라 칭할 자는 이삭으로 말미암으리라 하셨으니"

롬9:7　　　"또한 아브라함의 씨가 다 그의 자녀가 아니라 오직 이삭으로부터 난 자라야 네 씨라 불리리라 하셨으니"

롬9:8　　　"곧 육신의 자녀가 하나님의 자녀가 아니요 오직 약속의 자녀가 씨로 여기심을 받느니라"

롬2:28-29　"무릇 표면적 유대인이 유대인이 아니요 표면적 육신의 할례가 할례가 아니니라 오직 이면적 유대인이 유대인이며 할례는 마음에 할지니 영에 있고 율법 조문에 있지 아니한 것이라 그 칭찬이 사람에게서가 아니요 다만 하나님에게서니라"

롬9:27-28　"또 이사야가 이스라엘에 관하여 외치되 이스라엘 자손들의 수가 비록 바다의 모래 같을지라도 남은 자만 구원을 받으리니 주께서 땅 위에서 그 말씀을 이루고 속히 시행하시리라 하셨느니라"

우리는 이삭과 같이 약속의 자녀입니다(갈4:28). 우리는 여종의 자녀가 아니요 자유 있는 여자의 자녀입니다(갈4:31). 우리는 혈통으로나 육정으로나 사람의 뜻으로 나지 아니하고 오직 하나님께로부터 난 하나님의 자녀입니다(요1:12-13). 우리는 하나님으로부터 나서 예수님 안에 있습니다(고전1:30). 우리는 성령으로 거듭났습니다(요3:5). 우리는 옛 사람과 그 행위를 벗어버리고 새 사람을 입었으며 하나님의 형상을 따라 지식에까지 새롭게 하심을 입은 자입니다(골3:9-10). 우리의 시민권은 하늘에 있습니다(빌3:20). 하나님께로부터 난 자는 하나님을 사랑하고 서로 사랑합니다(요일5:1). 하나님께로부터 난 자는 세상을 이깁니다(요일5:4). 하나님께로부터 난 자는 다 범죄 하지 아니합니다(요일5:18).

갈4:28   "형제들아 너희는 이삭과 같이 약속의 자녀라"

갈4:31   "그런즉 형제들아 우리는 여종의 자녀가 아니요 자유 있는 여자의 자녀니라"

요1:12-13 "영접하는 자 곧 그 이름을 믿는 자들에게는 하나님의 자녀가 되는 권세를 주셨으니 이는 혈통으로나 육정으로나 사람의 뜻으로 나지 아니하고 오직 하나님께로부터 난 자들이니라"

고전1:30 "너희는 하나님으로부터 나서 그리스도 예수 안에 있고 예수는 하나님으로부터 나와서 우리에게 지혜와 의로움과 거룩함과 구원함이 되셨으니"

요3:5   "예수께서 대답하시되 진실로 진실로 네게 이르노니 사람이 물과 성령으로 나지 아니하면 하나님 나라에 들어갈 수 없느니라"

골3:9-10 "너희가 서로 거짓말을 하지 말라 옛 사람과 그 행위를 벗어 버리고 새 사람을 입었으니 이는 자기를 창조하신 이의 형상을 따라 지식에까지 새롭게 하심을 입은 자니라"

빌3:20   "그러나 우리의 시민권은 하늘에 있는지라 거기로부터 구
          원하는 자 곧 주 예수 그리스도를 기다리노니"

요일5:1   "예수께서 그리스도이심을 믿는 자마다 하나님께로부터
          난 자니 또한 낳으신 이를 사랑하는 자마다 그에게서 난
          자를 사랑하느니라"

요일5:4   "무릇 하나님께로부터 난 자마다 세상을 이기느니라 세상
          을 이기는 승리는 이것이니 우리의 믿음이니라"

요일5:18 "하나님께로부터 난 자는 다 범죄 하지 아니하는 줄을 우
          리가 아노라 하나님께로부터 나신 자가 그를 지키시매 악
          한 자가 그를 만지지도 못하느니라"

하나님의 언약을 온전히 믿는 믿음이 있는 자는 그 행위를 완전하게 하며, 변화를 받아 남을 위한 자가 되며, 하나님이 자기의 하나님이심을 믿고, 마음에 할례를 받습니다. 그리고 주님을 영접하며, 세상의 죄와 하나님의 심판을 알고, 세상의 죄에 참여하지 않고 죄인들의 구원을 위하여 기도하며, 하나님의 보호하심을 받고, 성령으로 거듭나 성령으로 살고 성령으로 행하는 자가 됩니다.

그리고 하나님의 언약을 온전히 믿는 믿음이 있는 자는 하나님께 온전히 순종하는(드리는) 믿음으로 살아야 합니다.

5장

온전히 순종하는
(드리는) 믿음

창21:8-22장에서의 아브라함의 믿음은 하나님의 명령에 순종하여 그 아들 독자 이삭을 하나님께 드린 믿음입니다. 이 기간은 아브라함의 나이 100세 이후입니다. 아브라함은 사라의 요구와 하나님께서 명하신 대로 이스마엘과 하갈을 자기 집에서 내쫓았습니다. 그리고 아비멜렉이 아브라함이 무슨 일을 하든지 하나님이 함께 계심을 보고 그를 찾아와 언약을 맺었습니다. 또한 하나님은 아브라함을 시험하시려고 이삭을 번제로 드리라고 명령하셨습니다. 이에 아브라함은 순종하였으며 하나님은 아브라함이 하나님을 경외하는 줄을 인정하셨습니다. 그리고 하나님은 만민에게 전할 복음을 아브라함에게 전하셨습니다.

우리도 하나님께 온전히 순종하는 믿음이 있으면 육신의 일을 다 버리며, 무슨 일을 하든지 하나님이 함께 계시고, 아무 것도 아끼지 않고 하나님께 드리며 하나님의 어떤 명령에도 순종하여 하나님을 경외하는 줄을 인정받으며, 하나님이 주신 복음을 받고 복음을 전하는 자로 살아갑니다.

1. 하갈과 함께 쫓겨난 이스마엘

이삭이 자라서 젖을 뗄 때에 아브라함은 이삭과 함께 기업을 얻지 못하며 이삭을 놀린 이스마엘을 사라의 요구와 하나님의 명령대로 집에서 나가게 했습니다. 그런데 하나님이 브엘세바 광야에서 방황하는 이스마엘의 소리를 들으시고 그에게도 큰 민족을 이루게 하리라는 약속을 주셨으며 이스마엘과 함께 계셨습니다.

1) 이삭을 놀린(희롱한) 이스마엘은 하갈과 함께 쫓겨났습니다.

이삭이 자라서 젖을 떼는 날에 아브라함이 큰 잔치를 베풀었습니다(창21:8). 그런데 사라가 이스마엘이 이삭을 놀리는 것을 보고 아브라함에게 이르되 "이 여종과 그 아들을 내쫓으라. 이 종의 아들은 내 아들 이삭과 함께 기업을 얻지 못하리라" 하였습니다. 이에 아브라함이 그 아들 이스마엘로 말미암아 그 일이 매우 근심이 되었습니다(창21:9-11). 그때 하나님이 아브라함에게 이르시되 "네 아이나 네 여종으로 말미암아 근심하지 말고 사라가 네게 이른 말을 다 들으라. 이삭에게서 나는 자라야 네 씨라 부를 것임이니라"고 하시며(창21:12), "그러나 여종의 아들도 네 씨니 내가 그로 한 민족을 이루게 하리라"고 하셨습니다(창21:13). 이에 아브라함이 아침에 일찍이 일어나 떡과 물 한 가죽 부대를 가져다가 하갈의 어깨에 메워주고 이스마엘을 데리고 가게 하였습니다(창21:14).

> **창21:8** "아이가 자라매 젖을 떼고 이삭이 젖을 떼는 날에 아브라함이 큰 잔치를 베풀었더라"

> **창21:9-11** "사라가 본즉 아브라함의 아들 애굽 여인 하갈의 아들이 이삭을 놀리는지라 그가 아브라함에게 이르되 이 여종과 그 아들을 내쫓으라 이 종의 아들은 내 아들 이삭과 함께 기업을 얻지 못하리라 하므로 아브라함이 그의 아들로 말미암아 그 일이 매우 근심이 되었더니"

창21:12	"하나님이 아브라함에게 이르시되 네 아이나 네 여종으로 말미암아 근심하지 말고 사라가 네게 이른 말을 다 들으라 이삭에게서 나는 자라야 네 씨라 부를 것임이니라"
창21:13	"그러나 여종의 아들도 네 씨니 내가 그로 한 민족을 이루게 하리라 하신지라"
창21:14	"아브라함이 아침에 일찍이 일어나 떡과 물 한 가죽부대를 가져다가 하갈의 어깨에 메워 주고 그 아이를 데리고 가게 하니 하갈이 나가서 브엘세바 광야에서 방황하더니"

이스마엘이 이삭을 놀렸습니다(희롱하였습니다). 이스마엘은 여종에게서 육체를 따라 난 자요 이삭은 자유 있는 여자에게서 하나님의 약속(성령)을 따라 난 자입니다(갈4:23). 그런데 육체를 따라 난 자가 성령을 따라 난 자를 핍박합니다. 그리고 육체를 따라 난 자는 성령을 따라 난 자로 더불어 유업을 얻지 못하고 쫓겨납니다(갈4:29-30). 사라가 아브라함에게 하갈과 그 아들을 내쫓으라고 요구한 것은 종의 아들이 자기의 아들 이삭과 함께 기업을 얻지 못하기 때문이었습니다. 그리고 하나님도 아브라함에게 사라가 이른 말을 다 들으라고 하시면서 이삭에게서 나는 자라야 아브라함의 씨라 부를 것이라고 말씀하셨습니다. 또한 하나님은 이스마엘도 아브라함의 씨니 그로 한 민족을 이루게 하리라고 말씀하셨습니다. 이에 아브라함이 순종하여 아침에 일찍이 일어나 하갈로 아이를 데리고 가게 하였습니다. 혈통(육신)으로는 이스마엘도 아브라함의 씨입니다. 그러나 하나님이 아브라함에게 약속하신 하나님의 자녀는

이삭입니다. 이스마엘이 쫓겨난 것은 이삭과 더불어 유업을 얻지
못하기 때문입니다.

> 갈4:23 "여종에게서는 육체를 따라 났고 자유 있는 여자에게서는
> 약속으로 말미암았느니라"

> 갈4:29-30 "그러나 그 때에 육체를 따라 난 자가 성령을 따라 난 자
> 를 박해한 것 같이 이제도 그러하도다 그러나 성경이 무
> 엇을 말하느냐 여종과 그 아들을 내쫓으라 여종의 아들이
> 자유있는 여자의 아들과 더불어 유업을 얻지 못하리라 하
> 였느니라"

우리는 불의한 자가 하나님의 나라를 유업으로 받지 못할 줄을
알아야 합니다(고전6:9-10). 우리도 전에는 불의한 자이었으나 주
예수 그리스도의 이름과 우리 하나님의 성령 안에서 씻음과 거룩함
과 의롭다 하심을 받아 하나님의 나라를 유업으로 받을 자가 되었
습니다(고전6:11). 우리가 그리스도의 것이면 곧 아브라함의 자손
이요 약속대로 유업을 이을 자입니다(갈3:29). 우리가 하나님의 아
들이므로 하나님이 그 아들의 영(성령)을 우리 마음 가운데 보내셔
서 하나님을 아버지라 부르게 하시기에 우리는 하나님으로 말미암
아 유업을 받을 자입니다(갈4:6-7). 우리는 하나님이 하늘에 간직
하신 썩지 않고 더럽지 않고 쇠하지 아니하는 유업을 받습니다(벧
전1:4).

> 고전6:9-10 "불의한 자가 하나님의 나라를 유업으로 받지 못할 줄을
> 알지 못하느냐 미혹을 받지 말라 음행하는 자나 우상 숭

배자나 간음하는 자나 탐색하는 자나 남색하는 자나 도적이나 탐욕을 부리는 자나 술 취하는 자나 모욕하는 자나 속여 빼앗는 자들은 하나님의 나라를 유업으로 받지 못하리라"

고전6:11 "너희 중에 이와 같은 자들이 있더니 주 예수 그리스도의 이름과 우리 하나님의 성령 안에서 씻음과 거룩함과 의롭다 하심을 받았느니라"

갈3:29 "너희가 그리스도의 것이면 곧 아브라함의 자손이요 약속대로 유업을 이을 자니라"

갈4:6-7 "너희가 아들이므로 하나님이 그 아들의 영을 우리 마음 가운데 보내사 아빠 아버지라 부르게 하셨느니라 그러므로 네가 이 후로는 종이 아니요 아들이니 아들이면 하나님으로 말미암아 유업을 이를 자니라"

벧전1:4 "썩지 않고 더럽지 않고 쇠하지 아니하는 유업을 잇게 하시나니 곧 너희를 위하여 하늘에 간직하신 것이라"

2) 하나님이 이스마엘의 소리를 들으셨습니다.

하갈이 아브라함의 집에서 나가서 브엘세바 광야에서 방황하였으며 가죽 부대의 물이 떨어졌습니다. 이에 하갈이 그 자식을 관목 덤불 아래에 두고 이르되 "아이가 죽는 것을 차마 보지 못 하겠다" 하고 화살 한 바탕거리 떨어져서 마주 앉아 바라보며 소리 내어 울었습니다(창21:14-16). 이에 하나님이 그 어린 아이의 소리를 들으셨으므로 하나님의 사자가 하늘에서부터 하갈을 불러 "하갈아 무슨 일이냐 두려워 하지 말라. 하나님이 저기 있는 아이의 소리를 들으셨나니 일어나 아이를 일으켜 네 손으로 붙들라. 그가 큰 민족을 이루게 하리라"고 하셨습니다(창21:17-18). 그리고 하나님이 하갈의 눈을 밝히셨으므로 그가 샘물을 보고 가서 가죽 부대에 물을 채워다가 그 아이에게 마시게 하였습니다(창21:19).

> 창21:14-16 "아브라함이 아침에 일찍이 일어나 떡과 물 한 가죽부대를 가져다가 하갈의 어깨에 메워 주고 그 아이를 데리고 가게하니 하갈이 나가서 브엘세바 광야에서 방황하더니 가죽부대의 물이 떨어진지라 그 자식을 관목덤불 아래에 두고 이르되 아이가 죽는 것을 차마 보지 못하겠다 하고 화살 한 바탕거리 떨어져 마주 앉아 바라보며 소리 내어 우니"

> 창21:17-18 "하나님이 그 어린 아이의 소리를 들으셨으므로 하나님의 사자가 하늘에서부터 하갈을 불러 이르되 하갈아 무슨 일이냐 두려워하지 말라 하나님이 저기 있는 아이의 소리를 들으셨나니 일어나 아이를 일으켜 네 손으로 붙들라 그가 큰 민족을 이루게 하리라 하시니라"

> 창21:19 "하나님이 하갈의 눈을 밝히셨으므로 샘물을 보고 가서 가죽부대에 물을 채워다가 그 아이에게 마시게 하였더라"

하나님은 이스마엘에게도 큰 민족을 이루게 하리라는 약속을 주셨습니다(창16:10, 17:20, 21:13). 또 하나님은 이스마엘이 어떤 자가 될 것인가도 말씀하셨고 그대로 되었습니다(창16:12). 또 하나님은 이스마엘의 소리를 들으셨으며 그와 함께 계셨습니다. 그러나 이스마엘은 하나님이 언약을 세울 자는 아니었습니다. 하나님이 언약을 세울 자는 이삭이었습니다(창17:21). 또 하나님은 이스마엘에게서 난 자는 아브라함의 씨라 칭하지 아니하셨습니다(창21:12).

창16:10	"여호와의 사자가 또 그에게 이르되 내가 네 씨를 크게 번성하여 그 수가 많아 셀 수 없게 하리라"
창17:20	"이스마엘에 대하여는 내가 네 말을 들었나니 내가 그에게 복을 주어 그를 매우 크게 생육하고 번성하게 할지라 그가 열두 두령을 낳으리니 내가 그를 큰 나라가 되게 하려니와"
창21:13	"그러나 여종의 아들도 네 씨니 내가 그로 한 민족을 이루게 하리라 하신지라"
창16:12	"그가 사람 중에 들나귀 같이 되리니 그의 손이 모든 사람을 치겠고 모든 사람의 손이 그를 칠지며 그가 모든 형제와 대항해서 살리라 하니라"
창17:21	"내 언약은 내가 내년 이 시기에 사라가 네게 낳을 이삭과 세우리라"
창21:12	"하나님이 아브라함에게 이르시되 네 아이나 네 여종으로 말미암아 근심하지 말고 사라가 네게 이른 말을 다 들으라 이삭에게서 나는 자라야 네 씨라 부를 것이니라"

3) 하나님이 이스마엘과 함께 계셨습니다.

하나님이 그 아이와 함께 계시매 그가 장성하여 광야에서 거주하며 활 쏘는 자가 되었습니다(창21:20). 그리고 이스마엘이 바란 광야에 거주할 때에 그의 어머니 하갈이 그를 위하여 애굽 땅에서 아내를 얻어 주었습니다(창21:21).

창21:20	"하나님이 그 아이와 함께 계시매 그가 장성하여 광야에서 거주하며 활 쏘는 자가 되었더니"

창21:21 "그가 바란 광야에 거주할 때에 그의 어머니가 그를 위하
여 애굽 땅에서 아내를 얻어 주었더라"

하나님이 이스마엘과 함께 계셨습니다. 하나님은 모든 사람의 하
나님이십니다. 하나님은 유대인의 하나님도 되시고 이방인의 하나
님도 되십니다(롬3:29). 하나님은 그 해를 악인과 선인에게 비추시
며 비를 의로운 자와 불의한 자에게 내려주십니다(마5:45). 또한 사
람은 누구나 먼저는 육의 사람이요 그 다음에 신령한 사람입니다
(고전15:46).

롬3:29 "하나님은 다만 유대인의 하나님이시냐 또한 이방인의 하
님은 아니시냐 진실로 이방인의 하나님도 되시느니라"

마5:45 "이같이 한즉 하늘에 계신 너희 아버지의 아들이 되리니
이는 하나님이 그 해를 악인과 선인에게 비추시며 비를
의로운 자와 불의한 자에게 내려주심이라"

고전15:46 "그러나 먼저는 신령한 사람이 아니요 육의 사람이요 그
다음에 신령한 사람이니라"

2. 아브라함을 찾아와 언약을 세운 아비멜렉

아비멜렉은 아브라함이 무슨 일을 하든지 하나님이 함께 계심을
보고 아브라함을 찾아와 자기와 그 자손에게 거짓되이 행하지 아니
하기로 하나님을 가리켜 맹세하고 후대하여주기를 아브라함에게
간청했습니다. 이에 아브라함은 아비멜렉이 전에 자기의 우물을 빼

앗은 일을 책망하고 아비멜렉과 언약을 세웠습니다. 그리고 아브라함은 브엘세바에 에셀 나무를 심고 영원하신 여호와의 이름을 불렀습니다.

1) 아비멜렉은 하나님이 아브라함과 함께 계심을 보았습니다.

그랄 왕 아비멜렉과 그 군대 장관 비골이 아브라함에게 말하여 이르되 "네가 무슨 일을 하든지 하나님이 너와 함께 계시도다. 그런즉 너는 나와 내 아들과 내 손자에게 거짓되이 행하지 아니하기를 이제 여기서 하나님을 가리켜 내게 맹세하라. 내가 네게 후대한 대로 너도 나와 네가 머무는 이 땅에 행할 것이니라" 하였습니다(창 21:22-23).

> **창21:22-23** "그 때에 아비멜렉과 그 군대 장관 비골이 아브라함에게 말하여 이르되 네가 무슨 일을 하든지 하나님이 너와 함께 계시도다 그런즉 너는 나와 내 아들과 내 손자에게 거짓되이 행하지 아니하기를 이제 여기서 하나님을 가리켜 내게 맹세하라 내가 네게 후대한 대로 너도 나와 네가 머무는 이 땅에 행할 것이니라"

아비멜렉은 아브라함이 무슨 일을 하든지 하나님이 함께 계심을 보고 아브라함을 찾아와 자기와 자손에게 후대해주기를 맹세하도록 요구했습니다. 하나님이 아브라함과 함께 계셨습니다. 이삭이 태어날 때에 하나님이 아브라함에게 오셨습니다(창18:10). 예수님도 하나님이 함께 계셨습니다(요16:32). 하나님께서 요셉과 함께 하시므로 그가 형통한 자가 되어 그의 주인 보디발의 집에 있었습니다(창39:2). 보디발은 하나님께서 요셉과 함께 하심을 보며 또 하나님께서 그의 범사에 형통하게 하심을 보았습니다(창39:3).

창18:10 "그가 이르시되 내년 이맘때 내가 반드시 네게로 돌아오리니 네 아내 사라에게 아들이 있으리라 하시니 사라가 그 뒤 장막 문에서 들었더라"

요16:32 "보라 너희가 다 각각 제 곳으로 흩어지고 나를 혼자 둘 때가 오나니 벌써 왔도다 그러나 내가 혼자 있는 것이 아니라 아버지께서 나와 함께 계시느니라"

창39:2 "여호와께서 요셉과 함께 하시므로 그가 형통한 자가 되어 그의 주인 애굽 사람의 집에 있으니"

창39:3 "그의 주인이 여호와께서 그와 함께 하심을 보며 또 여호와께서 그의 범사에 형통하게 하심을 보았더라"

하나님이 우리와 함께 계십니다. 승천하신 예수님이 성령님을 우리에게 주사 영원토록 우리와 함께 계시게 하십니다(요14:16). 성령님이 우리와 함께 거하시고 우리 속에 계십니다(요14:17). 승천하신 예수님이 성령으로 우리에게로 오셨습니다(요14:18). 그리하여 예수님이 세상 끝날까지 우리와 항상 함께 계십니다(마28:20). 그러므로 예수 그리스도께서 우리 안에 계시지 아니하면 우리는 버림받은 자입니다(고후13:5). 성부, 성자, 성령 하나님이 우리에게 오셔서 거처를 우리와 함께 하십니다(요14:23).

창18:10	"그가 이르시되 내년 이맘때 내가 반드시 네게로 돌아오리니 네 아내 사라에게 아들이 있으리라 하시니 사라가 그 뒤 장막 문에서 들었더라"
요14:16	"내가 아버지께 구하겠으니 그가 또 다른 보혜사를 너희에게 주사 영원토록 너희와 함께 있게 하리니"
요14:17	"그는 진리의 영이라 세상은 능히 그를 받지 못하나니 이는 그를 보지도 못하고 알지도 못함이라 그러나 너희는 그를 아나니 그는 너희와 함께 거하심이요 또 너희 속에 계시겠음이라"
요14:18	"내가 너희를 고아와 같이 버려두지 아니하고 너희에게로 오리라"
마28:20	"내가 너희에게 분부한 모든 것을 가르쳐 지키게 하라 볼지어다 내가 세상 끝날까지 너희와 항상 함께 있으리라 하시니라"
고후13:5	"너희는 믿음 안에 있는가 너희 자신을 시험하고 너희 자신을 확증하라 예수 그리스도께서 너희 안에 계신 줄을 너희가 스스로 알지 못하느냐 그렇지 않으면 너희는 버림받은 자니라"
요14:23	"예수께서 대답하여 이르시되 사람이 나를 사랑하면 내 말을 지키리니 내 아버지께서 그를 사랑하실 것이요 우리가 그에게 가서 거처를 그와 함께 하리라"

2) 아브라함이 아비멜렉을 책망하였습니다.

아브라함이 이르되 "내가 맹세하리라" 하고 아비멜렉의 종들이 자기의 우물을 빼앗은 일에 관하여 아비멜렉을 책망하였습니다(창 21:24-25). 이에 아비멜렉은 이르되 "누가 그리하였는지 내가 알지 못하노라 너도 내게 알리지 아니하였고 나도 듣지 못하였더니 오늘에야 들었노라"고 하였습니다(창21:26).

> 창21:24-25 "아브라함이 이르되 내가 맹세하리라 하고 아비멜렉의 종들이 아브라함의 우물을 빼앗은 일에 관하여 아브라함이 아비멜렉을 책망하매"
>
> 창21:26 "아비멜렉이 이르되 누가 그리하였는지 내가 알지 못하노라 너도 내게 알리지 아니하였고 나도 듣지 못하였더니 오늘에야 들었노라"

아브라함은 아비멜렉의 종들이 자기의 우물을 빼앗은 일을 책망하였습니다. 그리고 아비멜렉은 변명하였습니다. 그런데 이삭이 태어나기 전 창20에서는 아비멜렉이 아브라함을 책망했으며 아브라함이 변명하였습니다. 아브라함이 전에는 아비멜렉의 종들이 자기의 우물을 빼앗은 일을 아비멜렉에게 알리지도 못하였는데 책망하게 되었습니다. 이는 놀라운 변화입니다.

우리는 성도가 세상을 판단할 것을 알야 합니다(고전6:2). 또 우리는 우리가 천사를 판단할 것을 알아야 합니다(고전6:3). 우리는 책망할 것이 없는 바른 말을 해야 합니다(딛2:8). 그리고 우리는 어둠의 일에 참여하지 말고 도리어 책망해야 합니다(엡5:11). 또한 우리는 거슬러 말하는 자들을 책망해야 합니다(딛1:9). 우리는 모든 권위로 책망하여 누구에게서든지 업신여김을 받지 말아야 합니다(딛2:15).

고전6:2	"성도가 세상을 판단할 것을 너희가 알지 못하느냐 세상도 너희에게 판단을 받겠거든 지극히 작은 일 판단하기를 감당하지 못하겠느냐"
고전6:3	"우리가 천사를 판단할 것을 너희가 알지 못하느냐 그러하거든 하물며 세상 일이랴"
딛2:8	"책망할 것이 없는 바른 말을 하게 하라 이는 대적하는 자로 하여금 부끄러워 우리를 악하다 할 것이 없게 하라"
엡5:11	"너희는 열매 없는 어둠의 일에 참여하지 말고 도리어 책망하라"
딛1:9	"미쁜 말씀의 가르침을 그대로 지켜야 하리니 이는 능히 바른 교훈으로 권면하고 거슬러 말하는 자들을 책망하게 하려 함이라"
딛2:15	"너는 이것을 말하고 권면하며 모든 권위로 책망하여 누구에게서든지 업신여김을 받지 말라"

3) 아브라함이 아비멜렉과 언약을 세웠습니다.

아브라함이 양과 소를 가져다가 아비멜렉에게 주고 두 사람이 서로 언약을 세웠습니다(창21:27). 또 아브라함이 일곱 암양 새끼를 따로 놓으니 아비멜렉이 아브라함에게 이르되 "이 일곱 암양 새기를 따로 놓음은 어찜이냐" 하였습니다(창21:28-29). 이에 아브라함이 이르되 "너는 내 손에서 이 암양 새끼 일곱을 받아 내가 우물 판 증거를 삼으라"고 하였습니다(창21:30). 두 사람이 거기서 서로 맹세하였으므로 그곳을 브엘세바(맹세의 우물)라 이름하였습니다(창 21:31). 그들이 브엘세바에서 언약을 세우매 아비멜렉과 그 군대 장관 비골은 떠나 블레셋 사람의 땅으로 돌아갔습니다(창21:32).

창21:27 　"아브라함이 양과 소를 가져다가 아비멜렉에게 주고 두 사람이 서로 언약을 세우니라"

창21:28-29 　"아브라함이 일곱 암양 새끼를 따로 놓으니 아비멜렉이 아브라함에게 이르되 이 일곱 암양 새끼를 따로 놓음은 어찜이냐"

창21:30 　"아브라함이 이르되 너는 내 손에서 이 암양 새끼 일곱을 받아 내가 이 우물 판 증거를 삼으라 하고"

창21:31 　"두 사람이 거기서 서로 맹세하였으므로 그곳을 브엘세바라 이름하였더라"

창21:32 　"그들이 브엘세바에서 언약을 세우매 아비멜렉과 그 군대 장관 비골은 떠나 블레셋 사람의 땅으로 돌아갔고"

아브라함이 양과 소를 아비멜렉에게 주었습니다. 이삭이 태어나기 전에는 아비멜렉이 아브라함에게 양과 소와 종들을 주었는데 변화가 일어났습니다.

4) 아브라함이 영원하시는 여호와의 이름을 불렀습니다.

아브라함은 브엘세바에 에셀 나무를 심고 거기서 영원하시는(영생하시는 하나님) 여호와의 이름을 불렀으며 그가 블레셋 사람의 땅에서 여러 날을 지냈습니다(창21:33-34).

창21:33-34 　"아브라함은 브엘세바에 에셀 나무를 심고 거기서 영원하신 여호와의 이름을 불렀으며 그가 블레셋 사람의 땅에서 여러 날을 지냈더라"

아브라함은 영원하시는(영생하시는) 하나님 여호와의 이름을 불렀습니다. 아브라함이 영원하시는(영생하시는) 하나님을 알았습니다. 또 아브라함은 하나님을 천지의 주재이시요 지극히 높으신 하나님으로 고백했습니다(창14:22). 느부갓네살 왕도 지극히 높으신 하나님께 감사하며 영생하시는 하나님을 찬양하고 경배했습니다(단4:34). 영생하시는 하나님의 권세는 영원한 권세요 그 나라는 대대에 이릅니다. 예수님이 참 하나님이시오 영생이십니다(요일 5:20).

그런데 하나님은 아브라함과 이삭과 야곱에게 전능의 하나님(엘 샤다이)으로 나타나셨으나 그 이름을 여호와(야웨: 나는 스스로 있는 자)로는 그들에게 알리지 아니하셨습니다(출6:3).

창14:22 "아브람이 소돔 왕에게 이르되 천지의 주재이시오 지극히 높으신 하나님 여호와께 내가 손을 들어 맹세하노니"

단4:34 "그 기한이 차매 나 느부갓네살이 하늘을 우러러 보았더니 내 총명이 다시 내게로 돌아온지라 이에 내가 지극히 높으신 이에게 감사하며 영생하시는 이를 찬양하고 경배하였나니 그 권세는 영원한 권세요 그 나라는 대대에 이르리로다"

요일5:20 "또 아는 것은 하나님의 아들이 이르러 우리에게 지각을 주사 우리로 참된 자를 알게 하신것과 또한 우리가 참된 자 곧 그의 아들 예수 그리스도 안에 있는것이니 그는 참 하나님이시오 영생이시라"

출6:3 "내가 아브라함과 이삭과 야곱에게 전능의 하나님으로 나타났으나 나의 이름을 여호와로는 그들에게 알리지 아니하였고"

3. 아브라함에게 이삭을 번제로 드리라고 명하신 하나님

하나님께서 아브라함을 시험하시려고 이삭을 번제로 드리라고 명하셨습니다. 아브라함은 순종하였습니다. 이에 하나님은 아브라함이 하나님을 경외하는 줄을 아셨습니다. 그리고 하나님은 숫양을 준비하셔서 아브라함으로 이삭을 대신하여 드리게 하셨습니다.

1) 하나님이 아브라함을 시험하시려고 이삭을 번제로 드리라고 명하셨습니다.

아브라함과 아비멜렉이 언약을 세운 일 후에 하나님이 아브라함을 시험하시려고 "아브라함아!" 하고 부르셨습니다. 그리고 아브라함이 "내가 여기 있나이다" 대답하였습니다(창22:1). 이에 하나님께서 이르시되 "네 아들 네 사랑하는 독자 이삭을 데리고 모리아 땅으로 가서 내가 네게 일러준 한 산 거기서 그를 번제로 드리라"고 하셨습니다(창22:2).

> 창22:1　"그 일 후에 하나님이 아브라함을 시험하시려고 그를 부르시되 아브라함아 하시니 그가 이르되 내가 여기 있나이다"
>
> 창22:2　"여호와께서 이르시되 네 아들 네 사랑하는 독자 이삭을 데리고 모리아 땅으로 가서 내가 네게 일러준 한 산 거기서 그를 번제로 드리라"

하나님은 아브라함을 시험하셨습니다. 하나님이 다윗도 시험하셨습니다(시17:3). 하나님은 의인을 시험(test)하사 그 폐부와 심장을 보십니다(렘20:12). 하나님은 우리를 시험하시되 은을 단련함 같이 하십니다(시66:10). 하나님은 우리로 경외하여 범죄 하지 않게 하려고 시험하십니다(출20:20). 하나님은 우리 심중에 있는 것을 다 알고자 하사 시험하십니다(대하32:31). 하나님은 그를 사랑하는 여부를 알려고 우리를 시험하십니다(신13:3). 하나님은 그의 말씀을 지켜 행하나 아니하나 알려고 우리를 시험하십니다(삿2:22). 하나님은 우리를 시험하사 마침내 우리에게 복을 주려 하십니다(신8:16). 하나님은 각 사람의 공적이 어떠한 것을 시험하실 것입니다(고전3:13). 예수님도 빌립을 시험하셨습니다(요6:6).

시17:3 "주께서 내 마음을 시험하시고 밤에 내게 오시어서 나를 감찰하셨으나 흠을 찾지 못하셨사오니 내가 결심하고 입으로 범죄하지 아니하리이다"

렘20:12 "의인을 시험하사 그 폐부와 심장을 보시는 만군의 여호와여 나의 사정을 주께 아뢰었사온즉 주께서 그들에게 보복하심을 나에게 보게 하옵소서"

시66:10 "하나님이여 주께서 우리를 시험하시되 우리를 단련하시기를 은을 단련함 같이 하셨으며"

출20:20 "모세가 백성에게 이르되 두려워하지 말라 하나님이 임하심은 너희를 시험하고 너희로 경외하여 범죄 하지 않게 하려 하심이니라"

대하32:31 "그러나 바벨론 방백들이 히스기야에게 사신을 보내어 그 땅에서 나타난 이적을 물을 때에 하나님이 히스기야를 떠나시고 그의 심중에 있는 것을 다 알고자 하사 시험하셨더라"

신13:3   "너는 그 선지자나 꿈꾸는 자의 말을 청종하지 말라 이는 너희의 하나님 여호와께서 너희가 마음을 다하고 뜻을 다하여 너희의 하나님 여호와를 사랑하는 여부를 알려 하사 너희를 시험하심이니라"

삿2:22   "이는 이스라엘이 그들의 조상들이 지킨 것 같이 나 여호와의 도를 지켜 행하나 아니하나 그들을 시험하려 함이라 하시니라"

신8:16   "네 조상들도 알지 못하던 만나를 광야에서 네게 먹이셨나니 이는 다 너를 낮추시며 너를 시험하사 마침내 네게 복을 주려 하심이었느니라"

고전3:13   "각 사람의 공적이 나타날 터인데 그 날이 공적을 밝히리니 이는 불로 나타내고 그 불이 각 사람의 공적이 어떠한 것을 시험할 것임이라"

요6:6   "이렇게 말씀하심은 친히 어떻게 하실지를 아시고 빌립을 시험하고자 하심이라"

우리는 하나님의 시험을 구해야 합니다. 우리는 하나님이 우리를 시험하사 우리 뜻을 아시기를 구해야 합니다(시139:23). 우리는 하나님이 우리를 시험하사 우리 뜻과 우리 양심을 단련하시기를 구해야 합니다(시26:2).

시139:23   "하나님이여 나를 살피사 내 마음을 아시며 나를 시험하사 내 뜻을 아옵소서"

시26:2   "여호와여 나를 살피시고 시험하사 내 뜻과 내 양심을 단련하소서"

하나님은 친히 아무도 시험(temptation)하지 아니하십니다(약 1:13). 시험(temptation)은 마귀가 합니다. 하나님은 우리가 감당하지 못할 시험 당함을 허락하지 아니하시고 또한 피할 길을 내사 우리로 능히 감당하게 하십니다(고전10:13). 오직 각 사람이 시험을 받는 것은 자기 욕심에 끌려 미혹된 것입니다(약1:14). 그러므로 우리는 시험에 들지 않게 깨어 있어 기도해야 합니다(막14:38). 그리고 우리가 여러 가지 시험을 당하거든 온전히 기쁘게 여겨야 합니다(약1:2).

약1:13	"사람이 시험을 받을 때에 내가 하나님께 시험을 받는다 하지 말지니 하나님은 악에게 시험을 받지 아니하시고 친히 아무도 시험하지 아니하시느니라"
고전10:13	"사람이 감당할 시험 밖에는 너희가 당한 것이 없나니 오직 하나님은 미쁘사 너희가 감당하지 못할 시험 당함을 허락하지 아니하시고 시험 당할 즈음에 또한 피할 길을 내사 너희로 능히 감당하게 하시느니라"
약1:14	"오직 각 사람이 시험을 받는 것은 자기 욕심에 끌려 미혹됨이니"
막14:38	"시험에 들지 않게 깨어 있어 기도하라 마음에는 원이로되 육신이 약하도다 하시고"
약1:2	"내 형제들아 너희가 여러 가지 시험을 당하거든 온전히 기쁘게 여기라"

2) 아브라함은 순종하였습니다.

아브라함이 아침에 일찍이 일어나 나귀에 안장을 지우고 두 종과 그의 아들 이삭을 데리고 번제에 쓸 나무를 쪼개어 가지고 떠나 하나님이 자기에게 지시하시는 곳으로 갔습니다(창22:3). 그리고 제삼 일에 아브라함이 눈을 들어 그곳을 멀리 바라본지라 이에 아브라함이 종들에게 이르되 "너희는 나귀와 함께 여기서 기다리라 내가 아이와 함께 저기 가서 예배하고 우리가 너희에게로 돌아오리라" 하였습니다(창22:4-5). 그리고 아브라함이 번제 나무를 가져다가 그의 아들 이삭에게 지우고 자기는 불과 칼을 손에 들고 두 사람이 동행하였습니다(창22:6). 그때 이삭이 그 아버지 아브라함에게 말하여 이르되 "내 아버지여" 하니 아브라함이 이르되 "내 아들아 내가 여기 있노라" 하였습니다. 이에 이삭이 이르되 "불과 나무는 있거니와 번제할 어린 양은 어디 있나이까" 하였습니다(창22:6-7). 아브라함이 이르되 "내 아들아 번제할 어린 양은 하나님이 자기를 위하여 친히 준비하시리라"고 하였습니다. 그리고 두 사람이 함께 나아가서 하나님이 아브라함에게 일러 주신 곳에 이르렀습니다. 이에 아브라함이 그곳에 제단을 쌓고 나무를 벌여놓고 그 아들 이삭을 결박하여 제단 나무 위에 놓고 손을 내밀어 칼을 잡고 그 아들을 잡으려 했습니다(창22:8-10).

창22:3   "아브라함이 아침에 일찍이 일어나 나귀에 안장을 지우고 두 종과 그의 아들 이삭을 데리고 번제에 쓸 나무를 쪼개어 가지고 떠나 하나님이 자기에게 일러 주신 곳으로 가더니"

창22:4-5   "제삼일에 아브라함이 눈을 들어 그 곳을 멀리 바라본지라 이에 아브라함이 종들에게 이르되 너희는 나귀와 함께 여기서 기다리라 내가 아이와 함께 저기 가서 예배하고 우리가 너희에게로 돌아오리라 하고"

창22:6 "아브라함이 이에 번제 나무를 가져다가 그의 아들 이삭에게 지우고 자기는 불과 칼을 손에 들고 두 사람이 동행하더니"

창22:7 "이삭이 그 아버지 아브라함에게 말하여 이르되 내 아버지여 하니 그가 이르되 내 아들아 내가 여기 있노라 이삭이 이르되 불과 나무는 있거니와 번제할 어린 양은 어디 있나이까"

창22:8-10 "아브라함이 이르되 내 아들아 번제할 어린 양은 하나님이 자기를 위하여 친히 준비하시리라 하고 두 사람이 함께 나아가서 하나님이 그에게 일러 주신 곳에 이른지라 이에 아브라함이 그 곳에 제단을 쌓고 나무를 벌여 놓고 그의 아들 이삭을 결박하여 제단 나무 위에 놓고 손을 내밀어 칼을 잡고 그 아들을 잡으려 하니"

아브라함은 이삭을 번제로 드리라는 하나님의 명령을 듣고 순종하기 위하여 아침에 일찍이 일어났습니다. 그리고 하나님이 일러 주신 곳을 멀리 바라볼 때 하나님의 명령을 순종하기 위하여 두 종을 그곳에서 기다리게 했습니다. 그리고 아브라함은 하나님께 순종하여 이삭을 하나님께 번제로 드리려고 잡으려 했습니다.

아브라함은 하나님의 말씀을 순종하였습니다(창26:5). 예수님의 순종하심으로 많은 사람이 의인이 되었습니다(롬5:19). 예수님은 하나님의 아들이시면서도 받으신 고난으로 순종함을 배워서 온전하게 되셨으며 자기에게 순종하는 모든 자에게 구원의 근원이 되십니다(히5:9). 예수님은 사도의 직분 자들을 세워 이방인 중에서 믿어 순종하게 하셨습니다(롬1:5). 하나님은 선지자의 글로 말미암아 모든 민족이 믿어 순종하게 하시려고 복음과 예수 그리스도를 알게 하셨습니다(롬16:26). 하나님은 자기에게 순종하는 사람들에게 성령을 주십니다(행5:32). 우리는 범사에 순종하는 증거를 가지고 있어야 합니다(고후2:9). 우리가 순종하지 아니하면 영생을 보지 못합니다(요3:36). 우리는 진리를 순종함으로 우리 영혼을 깨끗하게 하였습니다(벧전1:22).

창26:5   "이는 아브라함이 내 말을 순종하고 내 명령과 내 계명과 내 율례와 내 법도를 지켰음이라 하시니라"

롬5:19   "한 사람이 순종하지 아니함으로 많은 사람이 죄인 된 것 같이 한 사람이 순종하심으로 많은 사람이 의인이 되리라"

히5:8-9   "그가 아들이시면서도 받으신 고난으로 순종함을 배워서 온전하게 되셨은즉 자기에게 순종하는 모든 자에게 영원한 구원의 근원이 되시고"

롬1:5   "그로 말미암아 우리가 은혜와 사도의 직분을 받아 그의 이름을 위하여 모든 이방인 중에서 믿어 순종하게 하나니"

롬16:26   "이제는 나타내신 바 되었으며 영원하신 하나님의 명을 따라 선지자들의 글로 말미암아 모든 민족이 믿어 순종하게 하시려고 알게 하신 바 그 신비의 계시를 따라 된 것이니 이 복음으로 너희를 능히 견고하게 하실"

행5:32	"우리는 이 일에 증인이요 하나님이 자기에게 순종하는 사람들에게 주신 성령도 그러하니라 하더라"
고후2:9	"너희가 범사에 순종하는지 그 증거를 알고자 하여 내가 이것을 너희에게 썼노라"
요3:36	"아들을 믿는 자에게는 영생이 있고 아들에게 순종하지 아니하는 자는 영생을 보지 못하고 도리어 하나님의 진노가 그위에 머물러 있느니라"
벧전1:22	"너희가 진리를 순종함으로 너희 영혼을 깨끗하게 하여 거짓이 없이 형제를 사랑하기에 이르렀으니 마음으로 뜨겁게 서로 사랑하라"

아브라함이 시험을 받을 때에 믿음으로 이삭을 드렸습니다. 아브라함은 이삭으로 약속들을 받았지만 그 외아들을 드렸습니다(히11:17). 하나님이 이미 말씀하시기를 "네 자손이라 칭할 자는 이삭으로 말미암으리라" 하셨습니다(히11:18). 그런데 아브라함의 자손이 이삭으로 말미암으려면 이삭이 죽지 않아야 합니다. 그러므로 아브라함은 이삭을 죽일 수 없다고 할 수 있는 데 이삭을 죽이려 했습니다. 아브라함이 약속을 받은 그 독생자를 드릴 수 있었던 것은 하나님이 능히 죽은 자 가운데서 다시 살리실 줄로 생각하였기 때문이며 이삭을 죽은 자 가운데서 도로 받은 것이 되었습니다(히11:19). 아브라함이 믿은 하나님은 죽은 자를 살리시며 없는 것을 있는 것으로 부르시는 이십니다(롬4:17). 이것이 온전한 믿음입니다.

히11:17	"아브라함은 시험을 받을 때에 믿음으로 이삭을 드렸으니 그는 약속들을 받은 자로되 그 외아들을 드렸느니라"
히11:18	"그에게 이미 말씀하시기를 네 자손이라 칭할 자는 이삭으로 말미암으리라 하셨으니"
히11:19	"그가 하나님이 능히 이삭을 죽은 자 가운데서 다시 살리실 줄로 생각한지라 비유컨대 그를 죽은 자 가운데서 도로 받은 것이니라"
롬4:17	"기록된 바 내가 너를 많은 민족의 조상으로 세웠다 하심과 같으니 그가 믿은 바 하나님은 죽은 자를 살리시며 없는 것을 있는 것으로 부르시는 이시니라"

아브라함이 한 말은 그대로 이루어졌습니다. 아브라함은 두 종에게 "내가 아이와 함께 저기 가서 예배하고 우리(아브라함과 이삭)가 너희에게로 돌아오리라" 하였는데 그대로 이루어졌습니다. 또 아브라함은 이삭에게 "번제할 어린 양은 하나님이 자기를 위하여 친히 준비하시리라" 하였는데 그대로 이루어졌습니다. 온전한 믿음이 있는 자의 말은 그대로 이루어집니다. 아브라함의 말은 단지 두 종들과 이삭을 안심시키기 위하여 한 거짓말이 아니요 믿음의 말입니다. 온전한 믿음이 있는 자의 믿음의 말이 믿음이 없는 자에게는 거짓말로 들릴 수 있습니다.

우리는 우리 자신을 하나님께 드리기를 힘써야 합니다(딤후 2:15). 우리는 우리 지체를 의의 무기로 하나님께 드려야 합니다(롬

6:13). 우리는 우리 몸을 하나님이 기뻐하시는 산 제물로 드려야 합니다(롬12:1). 우리는 의의 제사를 드려야 합니다(시4:5). 우리는 감사로 제사를 드려야 합니다(시50:14). 우리는 항상 찬송의 제사를 드려야 합니다(히13:15). 우리는 내 시간, 내 마음, 내 정성, 내 몸, 내 재물, 내 기도, 내 찬송을 드려야 합니다.

딤후2:15 "너는 진리의 말씀을 옳게 분별하며 부끄러울 것이 없는 일꾼으로 인정된 자로 자신을 하나님 앞에 드리기를 힘쓰라"

롬6:13 "또한 너희 지체를 불의의 무기로 죄에게 내주지 말고 오직 너희 자신을 죽은 자 가운데서 다시 살아난 자 같이 하나님께 드리며 너희 지체를 의의 무기로 하나님께 드리라"

롬12:1 "그러므로 형제들아 내가 하나님의 모든 자비하심으로 너희를 권하노니 너희 몸을 하나님이 기뻐하시는 거룩한 산 제물로 드리라 이는 너희가 드릴 영적 예배니라"

시4:5 "의의 제사를 드리고 여호와를 의지할지어다"

시50:14 "감사로 하나님께 제사를 드리며 지존하신 이에게 네 서원을 갚으며"

히13:15 "그러므로 우리는 예수로 말미암아 항상 찬송의 제사를 하나님께 드리자 이는 그 이름을 증언하는 입술의 열매니라"

3) 하나님은 아브라함이 경외하는 줄을 아셨습니다.

아브라함이 그 아들 이삭을 잡으려 할 때에 여호와의 사자가 하늘에서부터 그를 불러 이르시되 "아브라함아 아브라함아" 하셨고 아브라함이 이르되 "내가 여기 있나이다" 하였습니다(창22:11). 이에 여호와의 사자가 이르시되 "그 아이에게 네 손을 대지 말라 그에게 아무 일도 그에게 하지 말라 네가 네 아들 네 독자까지도 내게 아끼지 아니하였으니 내가 이제야 네가 하나님을 경외하는 줄을 아노라"고 하셨습니다(창22:12).

> **창22:11** "여호와의 사자가 하늘에서부터 그를 불러 이르시되 아브라함아 아브라함아 하시는지라 아브라함이 이르되 내가 여기 있나이다 하매"
>
> **창22:12** "사자가 이르시되 그 아이에게 네 손을 대지 말라 그에게 아무 일도 하지 말라 네가 네 아들 네 독자까지도 아끼지 아니하였으니 내가 이제야 네가 하나님을 경외하는 줄을 아노라"

아브라함은 하나님을 경외하였기에 그 아들 그 독자까지도 아끼지 않고 하나님께 드릴 수 있었습니다. 아브라함이 그 아들 그 독자까지도 아끼지 않고 하나님께 드릴 수 있음은 모든 것을 드릴 수 있음을 말합니다. 그래서 하나님은 아브라함이 하나님을 경외하는 줄을 아셨습니다.

우리는 우리 하나님 여호와를 경외해야 합니다(신6:13). 우리는 하나님의 길을 따라가며 그를 경외해야 합니다(신8:6). 하나님께서 그를 경외하기를 요구하십니다(신10:12). 사유하심이 하나님께 있음은 그를 경외하게 하심입니다(시130:4). 하나님은 그를 경외하여

항상 복을 누리게 하기 위하여 모든 규례를 지키라 명하셨습니다
(신6:24). 그리고 하나님은 그를 경외하는 자들에게 복을 주십니다
(시115:13). 또한 하나님은 그를 경외하며 의를 행하는 사람은 다
받으십니다(행10:35).

신6:13 "네 하나님 여호와를 경외하며 그를 섬기며 그의 이름으로
맹세할 것이니라"

신8:6 "네 하나님 여호와의 명령을 지켜 그의 길을 따라가며 그
를 경외할지니라"

신10:12 "이스라엘아 네 하나님 여호와께서 네게 요구하시는 것이
무엇이냐 곧 네 하나님 여호와를 경외하여 그의 모든 도
를 행하고 그를 사랑하며 마음을 다하고 뜻을 다하여 네
하나님 여호와를 섬기고"

시130:4 "그러나 사유하심이 주께 있음은 주를 경외하게 하심이니
이다"

신6:24 "여호와께서 우리에게 이 모든 규례를 지키라 명령하셨으
니 이는 우리가 우리 하나님 여호와를 경외하여 항상 복
을 누리게 하기 위하심이며 또 여호와께서 우리를 오늘과
같이 살게 하려 하심이라"

시115:13 "높은 사람이나 낮은 사람을 막론하고 여호와를 경외하는
자들에게 복을 주시리로다"

행10:35 "각 나라 중 하나님을 경외하며 의를 행하는 사람은 다 받
으시는 줄 깨달았도다"

하나님 여호와를 경외하는 것은 지식의 근본이며(잠1:7), 지혜

의 근본이며(잠9:10), 지혜의 훈계이며(잠15:33), 생명의 샘이며(잠 14:27), 악을 미워하는 것이며(잠8:13), 사람으로 생명에 이르게 하는 것입니다(잠19:23). 그러므로 우리는 하나님 여호와 경외하기를 깨달아야 합니다(잠2:5). 그래서 우리는 하나님 여호와를 경외하며 악에서 떠나야 합니다(잠3:7). 우리는 하나님 여호와를 경외함으로 악에서 떠나게 됩니다(잠16:6). 하나님 여호와를 경외함의 보상은 재물과 영광과 생명입니다(잠22:4).

잠1:7   "여호와를 경외하는 것이 지식의 근본이거늘 미련한 자는 지혜와 훈계를 멸시하느니라"

잠9:10   "여호와를 경외하는 것이 지혜의 근본이요 거룩하신 자를 아는 것이 명철이니라"

잠15:33   "여호와를 경외하는 것은 지혜의 훈계라 겸손은 존귀의 길잡이니라"

잠14:27   "여호와를 경외하는 것은 생명의 샘이니 사망의 그물에서 벗어나게 하느니라"

잠8:13   "여호와를 경외하는 것은 악을 미워하는 것이라 나는 교만과 거만과 악한 행실과 패역한 입을 미워하느니라"

잠19:23   "여호와를 경외하는 것은 사람으로 생명에 이르게 하는 것이라 경외하는 자는 족하게 지내고 재앙을 당하지 아니하느니라"

잠2:5   "여호와 경외하기를 깨달으며 하나님을 알게 되리니"

잠3:7   "스스로 지혜롭게 여기지 말지어다 여호와를 경외하며 악을 떠날지어다"

잠16:6   "인자와 진리로 인하여 죄악이 속하게 되고 여호와를 경외
         함으로 말미암아 악에서 떠나게 되느니라"

잠22:4   "겸손과 여호와를 경외함의 보상은 재물과 영광과 생명이
         니라"

4) 하나님이 제물로 숫양을 준비하셨습니다.

아브라함이 눈을 들어 살펴본즉 한 숫양이 뒤에 있는데 뿔이 수
풀에 걸려 있었습니다. 그래서 아브라함이 가서 그 숫양을 가져다
가 아들을 대신하여 번제로 드렸습니다. 그리고 아브라함이 그 땅
이름을 여호와 이레(하나님이 준비하심)라 하였으므로 사람들이
이르기를 여호와의 산에서 준비되리라 하였습니다(창22:13-14).

창22:13-14 "아브라함이 눈을 들어 살펴본즉 한 숫양이 뒤에 있는데
           뿔이 수풀에 걸려 있는지라 아브라함이 가서 그 숫양을
           가져다가 아들을 대신하여 번제로 드렸더라 아브라함이
           그 땅 이름을 여호와 이레라 하였으므로 오늘날까지 사람
           들이 이르기를 여호와의 산에서 준비되리라 하더라"

아브라함이 하나님이 준비하신 숫양을 가져다가 아들 이삭을 대
신하여 번제로 드렸습니다. 아브라함이 이삭 대신 번제로 드린 숫
양은 예수님의 모형입니다. 예수님은 세상 죄를 지고 가는 하나님
의 어린 양이십니다(요1:29). 그런데 어린 양은 만주의 주시오 만왕
의 왕이십니다(계17:14). 그래서 죽임을 당하신 어린 양은 능력과
부와 지혜와 힘과 존귀와 영광과 찬송을 받으시기에 합당하십니다

(계5:12). 그리고 죄인들을 구원하심이 보좌에 앉으신 하나님과 어린 양에게 있습니다(계7:10). 우리가 죄에서 대속함을 받은 것은 흠 없고 점 없는 어린 양 같은 그리스도의 보배로운 피로 된 것입니다(벧전1:18-19). 그러므로 구원 받아 천국에 들어가는 자들은 어린 양의 피에 그 옷(행실)을 씻어 희게 하였고(계7:14), 어린 양이 어디로 인도하든지 따라가는 자들입니다(계14:4-5). 그리고 어린 양이 그들의 목자가 되사 생명수 샘으로 인도하실 것입니다(계7:17).

요1:29   "이튿날 요한이 예수께서 자기에게 나아오심을 보고 이르되 보라 세상 죄를 지고 가는 하나님의 어린 양이로다"

계17:14   "그들이 어린 양과 더불어 싸우려니와 어린 양은 만주의 주시오 만왕의 왕이시므로 그들을 이기실 터이요 또 그와 함께 있는 자들 곧 부르심을 받고 택하심을 받은 진실한 자들도 이기리로다"

계5:12   "큰 음성으로 이르되 죽임을 당하신 어린 양은 능력과 부와 지혜와 힘과 존귀와 영광과 찬송을 받으시기에 합당하도다 하더라"

계7:10   "큰 소리로 외쳐 이르되 구원하심이 보좌에 앉으신 우리 하나님과 어린 양에게 있도다 하니"

벧전1:18-19 "너희가 알거니와 너희 조상이 물려 준 헛된 행실에서 대속함을 받은 것은 은이나 금 같이 없어질 것으로 된 것이 아니요 오직 흠 없고 점 없는 어린 양 같은 그리스도의 보배로운 피로 된 것이니라"

계7:14   "내가 말하기를 내 주여 당신이 아시나이다 하니 그가 나에게 이르되 이는 큰 환난에서 나오는 자들인데 어린 양의 피에 그 옷을 씻어 희게 하였느니라"

계14:4-5 "이 사람들은 여자와 더불어 더럽히지 아니하고 순결한 자라 어린 양이 어디로 인도하든지 따라가는 자며 사람 가운데에서 속량함을 받아 처음 익은 열매로 하나님과 어린 양에게 속한 자들이니 그 입에 거짓이 없고 흠이 없는 자들이더라"

계7:17 "이는 보좌 가운데에 계신 어린 양이 그들의 목자가 되사 생명수 샘으로 인도하시고 하나님께서 그들의 눈에서 모든 눈물을 씻어 주실 것임이라"

예수님은 우리 죄와 온 세상의 죄를 위한 화목제물이십니다(요일 2:2). 하나님은 예수님을 화목제물로 세우셨습니다(롬3:25). 그리고 하나님은 우리 죄를 속하기 위하여 화목제물로 그 아들을 보내셨습니다(요일4:10). 예수님은 자기를 단번에 제물로 드려 죄를 없이 하시려고 세상 끝에 나타나셨습니다(히9:26). 그리고 예수님은 우리를 위하여 자신을 버리사 향기로운 제물과 희생제물로 하나님께 드리셨습니다(엡5:2).

요일2:2 "그는 우리 죄를 위한 화목제물이니 우리만 위할 뿐 아니요 온 세상의 죄를 위하심이라"

롬3:25 "이 예수를 하나님이 그의 피로써 믿음으로 말미암는 화목제물로 세우셨으니 이는 하나님께서 길이 참으시는 중에 전에 지은 죄를 간과하심으로 자기의 의로우심을 나타내려 하심이니"

요일4:10 "사랑은 여기 있으니 우리가 하나님을 사랑한 것이 아니요 하나님이 우리를 사랑하사 우리 죄를 속하기 위하여 화목제물로 그 아들을 보내셨음이라"

히9:26	"그리하면 그가 세상을 창조할 때부터 자주 고난을 받았어야 할 것이로되 이제 자기를 단번에 제물로 드려 죄를 없이 하시려고 세상 끝에 나타나셨느니라"
엡5:2	"그리스도께서 너희를 사랑하신 것 같이 너희도 사랑 가운데서 행하라 그는 우리를 위하여 자신을 버리사 향기로운 제물과 희생제물로 하나님께 드리셨느니라"

4. 아브라함에게 만민에게 전할 복음을 주신 하나님

여호와의 사자가 하늘에서부터 두 번째 아브라함을 불러 이르시되 "여호와께서 이르시기를 '내가 나를 가리켜 맹세하노니 네가 이같이 행하여 네 아들 네 독자도 아끼지 아니하였은즉 내가 네게 큰복을 주고 네 씨가 크게 번성하여 하늘의 별과 같고 바닷가의 모래와 같게 하리니 네 씨가 그 대적의 문을 차지하리라' 하셨고(창 22:15-17), '또 네 씨로 말미암아 천하 만민이 복을 받으리니 이는 네가 나의 말을 준행하였음이니라' 하셨다"고 하였습니다(창22:18). 이에 아브라함이 그 종들에게로 돌아가서 함께 떠나 브엘세바에 이르러 거기 거하였습니다(창22:19).

창22:15-17	"여호와의 사자가 하늘에서부터 두 번째 아브라함을 불러 이르시되 여호와께서 이르시기를 내가 나를 가리켜 맹세하노니 네가 이같이 행하여 네 아들 네 독자도 아끼지 아니하였은즉 내가 네게 큰 복을 주고 네 씨가 크게 번성하여 하늘의 별과 같고 바닷가의 모래와 같게 하리니 네 씨가 그 대적의 성문을 차지하리라"

창22:18　　 "또 네 씨로 말미암아 천하 만민이 복을 받으리니 이는 네가 나의 말을 준행하였음이니라 하셨다 하라"

창22:19　　 "이에 아브라함이 그의 종들에게로 돌아가서 함께 떠나 브엘세바에 이르러 거기 거주하였더라"

　　하나님은 아브라함이 그 아들 그 독자도 아끼지 아니하고 번제로 드리려하였으므로 복을 약속하셨습니다. 그런데 하나님이 아브라함에게 약속하실 때에 가리켜 맹세할 자가 자기보다 더 큰 이가 없으므로 자기를 가리켜 맹세하여 이르시되 "내가 반드시 너에게 복 주고 복 주며 너를 번성하게 하고 번성하게 하리라" 하셨습니다(히6:13-14). 그리고 아브라함은 오래 참아 약속을 받았습니다(히6:15). 하나님은 아브라함에게 복을 주실 것을 이미 약속하셨습니다(창12:2). 그리고 하나님은 아브라함의 자손이 하늘의 별과 같게 하리하고 약속하셨습니다(창15:5). 그런데 하나님은 그 아들 그 독자도 아끼지 아니한 아브라함에게 다시 맹세하여 "내가 네게 큰 복을 주고 네 씨가 크게 번성하여 하늘의 별과 같고 바닷가의 모래와 같게 하리니 네 씨가 그 대적의 성문을 차지하리라"고 약속하셨습니다.

히6:13-14　　 "하나님이 아브라함에게 약속하실 때에 가리켜 맹세할 자가 자기보다 더 큰 이가 없으므로 자기를 가리켜 맹세하여 이르시되 내가 반드시 너에게 복 주고 복 주며 너를 번성하게 하고 번성하게 하리라 하셨더니"

히6:15　　 "그가 이같이 오래 참아 약속을 받았느니라"

창12:2 "내가 너로 큰 민족을 이루고 네게 복을 주어 네 이름을 창대하게 하리니 너는 복이 될지라"

창15:5 "그를 이끌고 밖으로 나가 이르시되 하늘을 우러러 뭇별을 셀 수 있나 보라 또 그에게 이르시되 네 자손이 이와 같으리라"

하나님은 말씀을 준행한 아브라함에게 먼저 복음을 전하셨습니다(갈3:8). 하나님이 아브라함에게 전하신 복음은 "네 씨로 말미암아 천하 만민이 복을 받으리라"였습니다. 하나님이 약속하신 아브라함의 자손(씨)은 예수 그리스도이십니다(갈3:16). 하나님은 아브라함에게 이르시기를 "땅 위의 모든 족속이 너의 씨로 말미암아 복을 받으리라" 하셨습니다(행3:25). 그리고 하나님은 복을 주시려고 예수님을 종으로 세워 우리로 각각 그 악함을 버리게 하셨습니다(행3:26). 하나님이 아브라함에게 약속하신 자손은 예수님이십니다. 그리고 하나님이 아브라함에게 약속하신 큰 민족은 예수님을 믿는 자들입니다. 믿음으로 말미암은 자들은 아브라함의 자손입니다(갈3:7). 그리고 믿음으로 말미암은 자는 아브라함과 함께 복을 받습니다(갈3:9).

갈3:8 "또 하나님이 이방을 믿음으로 말미암아 의로 정하실 것을 성경이 미리 알고 먼저 아브라함에게 복음을 전하되 모든 이방인이 너로 말미암아 복을 받으리라 하였느니라"

갈3:16 "이 약속들은 아브라함과 그 자손에게 말씀하신 것인데 여럿을 가리켜 그 자손들이라 하지 아니하시고 오직 한 사람을 가리켜 네 자손이라 하셨으니 곧 그리스도라"

행3:25 "너희는 선지자들의 자손이요 또 하나님이 너희 조상과 더
불어 세우신 언약의 자손이라 아브라함에게 이르시기를
땅 위의 모든 족속이 너의 씨로 말미암아 복을 받으리라
하셨으니"

행3:26 "하나님이 그 종을 세워 복 주시려고 너희에게 먼저 보내
사 너희로 하여금 돌이켜 각각 그 악함을 버리게 하였느
니라"

갈3:7 "그런즉 믿음으로 말미암은 자들은 아브라함의 자손인 줄
알지어다"

갈3:9 "그러므로 믿음으로 말미암은 자는 믿음이 있는 아브라함
과 함께 복을 받느니라"

하나님은 아브라함에게 주신 복음을 반드시 이루시기 위하여 첫
언약으로 율법을 주셨고 새 언약으로 복음을 주셨습니다. 율법은
그림자(모형)요 복음은 참 형상(실상)입니다. 율법은 죄를 깨닫게
하고 복음은 죄를 사함 받게 합니다. 우리는 율법으로 죄를 깨닫고
복음으로 죄를 사함 받아 하나님이 아브라함에게 약속하시고, 예수
님을 종으로 세워 주시는 복을 받습니다.

우리는 복음을 알아야 합니다. 복음은 하나님이 선지자들을 통하
여 그의 아들(예수님)에 관하여 성경에 미리 약속하신 것입니다(롬
1:2). 복음은 영세 전부터 감추었으며 하나님의 명을 따라 기록한
선지자들의 글로 말미암아 신비의 계시를 따라 알게 하셨으며 이제
는 나타내신바 되었습니다. 그리고 하나님은 복음으로 우리를 견고

하게 하십니다(롬16:25-27). 복음은 모든 믿는 자에게 구원을 주시는 하나님의 능력이 됩니다(롬1:16). 그리고 복음에는 하나님의 의가 나타나서 믿음으로 믿음에 이르게 합니다(롬1:17).

롬1:2 　　"이 복음은 하나님이 선지자들을 통하여 그의 아들에 관하여 성경에 미리 약속하신 것이라"

롬16:25-27 "나의 복음과 예수 그리스도를 전함은 영세 전부터 감추어졌다가 이제는 나타내신 바 되었으며 영원하신 하나님의 명을 따라 선지자들의 글로 말미암아 모든 민족이 믿어 순종하게 하시려고 알게 하신 바 그 신비의 계시를 따라 된 것이니 이 복음으로 너희를 능히 견고하게 하실 지혜로우신 하나님께 예수 그리스도로 말미암아 영광이 세세 무궁하도록 있을지어다 아멘"

롬1:16 　　"내가 복음을 부끄러워하지 아니하노니 이 복음은 모든 믿는 자에게 구원을 주시는 하나님의 능력이 됨이라 먼저는 유대인에게요 그리고 헬라인에게로다"

롬1:17 　　"복음에는 하나님의 의가 나타나서 믿음으로 믿음에 이르게 하나니 기록된바 오직 의인은 믿음으로 말미암아 살리라 함과 같으니라"

우리는 복음을 전해야 합니다. 예수님은 온 천하에 다니며 만민에게 복음을 전하라고 명하셨습니다(막16:15). 온전한 믿음이 있는 자는 복음을 전합니다. 예수님이 복음을 전하셨습니다(막1:14-15, 눅4:43-44). 제자들이 복음을 전했습니다(눅9:6, 막16:20). 빌립 집사도 복음을 전했으며(행8:4-5), 사도 바울도 복음을 전했습니다(행14:21, 롬15:19). 우리는 하나님께 복음을 위탁 받았음을 알아야 합니다(살전2:4). 그래서 우리는 사람을 기쁘게 하려 함이 아니라 하나님을 기쁘시게 하려고 복음을 전해야 합니다.

막16:15   "또 이르시되 너희는 온 천하에 다니며 만민에게 복음을 전파하라"

막1:14-15   "요한이 잡힌 후에 예수께서 갈릴리에 오셔서 하나님의 복음을 전파하여 이르시되 때가 찼고 하나님의 나라가 가까이 왔으니 회개하고 복음을 믿으라 하시더라"

눅4:43-44   "예수께서 이르시되 내가 다른 동네들에서도 하나님의 나라 복음을 전하여야 하리니 나는 이 일을 위해 보내심을 받았노라 하시고 갈릴리 여러 회당에서 전도하시더라"

눅9:6   "제자들이 나가 각 마을에 두루 다니며 곳곳에 복음을 전하며 병을 고치더라"

막16:20   "제자들이 나가 두루 전파할새 주께서 함께 역사하사 그 따르는 표적으로 말씀을 확실히 증언하시니라"

행8:4-5   "그 흩어진 사람들이 두루 다니며 복음의 말씀을 전할새 빌립이 사마리아 성에 내려가 그리스도를 백성에게 전파하니"

행14:21   "복음을 그 성에서 전하여 많은 사람을 제자로 삼고 루스드라와 이고니온과 안디옥으로 돌아가서"

롬15:19   "표적과 기사의 능력으로 성령의 능력으로 이루어졌으며 그리하여 내가 예루살렘으로부터 두루 행하여 일루리곤까지 그리스도의 복음을 편만하게 전하였노라"

살전2:4   "오직 하나님께 옳게 여기심을 입어 복음을 위탁 받았으니 우리가 이와 같이 말함은 사람을 기쁘게 하려 함이 아니요 오직 우리 마음을 감찰하시는 하나님을 기쁘시게 하려 함이라"

우리가 복음을 어떻게 전해야 할까요? 우리는 복음을 능력과 성령과 큰 확신으로 전해야 합니다(살전1:5). 우리는 복음을 값없이 전해야 합니다(고후11:7). 우리는 복음 증거 하는 일에 생명을 조금도 귀한 것으로 여기지 아니해야 합니다(행20:24). 그리고 우리는 복음으로써 성도들을 낳도록 전해야 합니다(고전4:15). 우리는 복음 전하는 일을 부득불 할 일로 알아야 합니다(고전9:16). 우리는 복음을 전하는 일에 동역자들이 되어야 합니다(빌4:3).

살전1:5 "이는 우리 복음이 너희에게 말로만 이른 것이 아니라 또한 능력과 성령과 큰 확신으로 된 것임이라 우리가 너희 가운데서 너희를 위하여 어떤 사람이 된 것은 너희가 아는 바와 같으니라"

고후11:7 "내가 너희를 높이려고 나를 낮추어 하나님의 복음을 값없이 너희에게 전함으로 죄를 지었느냐"

행20:24 "내가 달려갈 길과 주 예수께 받은 사명 곧 하나님의 은혜의 복음을 증언하는 일을 마치려 함에는 나의 생명조차 조금도 귀한 것으로 여기지 아니하노라"

고전4:15 "그리스도 안에서 일만 스승이 있으되 아버지는 많지 아니하니 그리스도 예수 안에서 내가 복음으로써 너희를 낳았음이라"

고전9:16 "내가 복음을 전할지라도 자랑할 것이 없음은 내가 부득불 할 일임이라 만일 복음을 전하지 아니하면 내게 화가 있을 것이로다"

빌4:3   "또 참으로 나와 멍에를 같이한 네게 구하노니 복음에 나
         와 함께 힘쓰던 저 여인들을 돕고 또한 글레멘드와 그 외
         에 나의 동역자들을 도우라 그 이름들이 생명책에 있느니
         라"

하나님께 온전히 순종하는 믿음이 있는 자는 육신의 일을 다 벗
어버리며, 무슨 일을 하든지 하나님이 함께 계시며, 무엇이든지 아
끼지 않고 하나님께 드림으로 하나님을 경외하며, 하나님이 주신
복음을 받고 그 복음을 전하며 살아갑니다. 할렐루야! 아멘.